齐鲁圣贤语录

马新主编

荀子语录

巩宝平 编著

山东大学出版社

图书在版编目(CIP)数据

荀子语录/巩宝平编著.—济南:山东大学出版社,2016.3
(齐鲁圣贤语录/马新主编)
ISBN 978-7-5607-5523-6

Ⅰ.①荀…　Ⅱ.①巩…　Ⅲ.①荀况(前313~前238)—语录　Ⅳ.①B222.61

中国版本图书馆CIP数据核字(2016)第066601号

责任编辑　王立强
封面设计　牛　钧

出版发行:山东大学出版社
社　址　山东省济南市山大南路20号
邮　编　250100
电　话　市场部(0531)88364466
经　销:山东省新华书店
印　刷:山东华鑫天成印刷有限公司
规　格:850毫米×1168毫米　1/32
6.5印张　110千字
版　次:2016年3月第1版
印　次:2016年3月第1次印刷
定　价:17.00元

本书系山东省古籍整理项目“齐鲁文化经典研究”、齐鲁文化名家立项课题“走进齐鲁经典文化”结项成果

《齐鲁圣贤语录》
课题组

课题组负责人 马　新

课题组成员 （以姓氏笔画为序）

马　新　马德青　王玉喜　巩宝平

刘厚琴　李吉东　李学娟　吴　云

陈以凤　校　潇　郭　浩　郭海燕

总序

所谓语录，就是对圣贤哲人言论的撷录。或只言片语，或精妙短论，虽为吉光片羽，但无一不是其思想之精华，足以让我们走近圣哲，与之对话，聆听教诲。这套《齐鲁圣贤语录》，就是对春秋战国时代齐鲁圣贤言论的撷录。

齐鲁之邦，钟灵毓秀，圣贤辈出。自齐太公姜尚以来，生于斯、活跃于斯者粲然可观。春秋时代，有管子、孔子、晏子、孙子；战国时代，有孟子、庄子、荀子、孙膑，还有吴起、公孙衍、许行、慎到、扁鹊、甘德，等等，不一而足。秦汉以后，至于近代，同样是代不乏人。但影响最为深远的还是春秋战国时代的齐鲁圣贤哲人。因此，我们首先从其中寻找有较为完整的传世之作者，采撷其言论，汇为一编。计有《孔子语录》《管子语录》《晏子语录》

《孙子孙膑语录》《荀子语录》《墨子语录》《孟子语录》《庄子语录》，共八册。

对于先人言论的重视是中国自古以来的传统，西周、春秋时代史官的分工就是“左史记言，右史记事”。弟子后学对其先师达人的言论也格外珍视。因而，在圣哲们的传世著作中，大部分内容是弟子及后人对其言论的汇集，实际上就是一部言论集。这就为我们的工作提供了莫大的便利。在选取时，我们以其最具代表性的著作为底本，着重披选；将散见于其他著作或典籍的言论作为补充，亦酌情录入。如《孔子语录》主要选自《论语》，同时又从《礼记》《庄子》《韩非子》《孟子》《孔子家语》等典籍中录出一部分，共成一册。

齐鲁圣哲虽是齐鲁文化名人，但又不单纯是地域性名人，因为他们同时还是诸子百家的代表人物。长期以来，他们一直高居神殿之上，有着神圣的光环，诸如“至圣”“亚圣”“兵圣”……让人难以接近。历朝历代的学问家们为之作注、作解者不计其数，但几乎都是高深的义理之疏，寻求的是其中的微言大义。我们这套《语录》则是反其道而行之，重在寻找圣贤哲人的言论中那些至今依然光彩四溢，让人爱不释手、随时受用者，让圣哲们深邃的哲理走出殿堂，成为大众的良师益友。因而，我们注重选取那些至今仍有活力、朗朗上口者，千百年来脍炙人口的名言警句则优先选入。对所选语录只进行难字难词的简要注释，并配以今译，不再进行引经据典式的层层疏解，以便于读者去除屏障，直接与圣哲们对话。

这套《语录》是我们为中国传统文化的传承与普及做的初步尝试，也是向齐鲁圣贤哲人的致敬之作。囿于水平与学识，粗疏之处，在所难免，敬请广大读者不吝赐教。

马　新

2016 年 2 月于山东大学高阁书斋

前言

在山东省临沂市兰陵县兰陵镇东南一公里处，有一座绿草环绕之墓，墓里埋葬着一位客死异乡的儒者，旁有冠以其名的主题文化园。每天都有不少学者、游客从四面八方慕名而来，凭吊这位两千多年前深受齐鲁文化熏陶的旷世大儒，追思其绝代风华与杰出成就，他就是齐鲁圣贤中的杰出代表——荀子。

荀子(约前 328～约前 235 年)，战国末期赵国人，本姓孙，名况，字卿。荀子生逢乱世，但当时文化氛围相当宽松，士人地位上升，游学交流成风。十五岁前后，荀子就离别家乡，前往齐国，开始了自己的漫漫游学路。此后，他倾注大半生精力，为其心目中的儒学治世理想奔走呼号，活跃于各国政坛与学界。

当时的齐国适逢宣王主政，国力强盛，文化繁荣。

尤其是稷下学宫兴盛一时，荟萃了大量学者名流。其中既有以口才、文才见长的“谈天衍”驺衍、“雕龙奭”邹奭、淳于髡、田巴等，又有以思想独到见长的慎到、田骈、孟子、环渊、宋钘、尹文等。荀子慕名而来，广结时贤良能，潜心德学，精进不已。这段长达十年左右的宝贵学习时光，为荀子以后著书立说、振兴儒学打下了坚实的基础。荀子接触齐鲁文化、立志弘扬儒道自此而始。

之后，因继任的齐闵王（约前 301～前 284 年在位）崇尚以武力拓展疆土，经营文教事业不力，在其统治后期，稷下学宫诸儒各自散去，人才流失严重。荀子此时也离齐而去，前往楚国。但当时楚国遭到秦国的军事打击，都城失陷，君王出奔，国将难保，文教荒废，又无明主。荀子无枝可栖，遂返回齐国。

在齐国，新上任的齐襄王有意振兴稷下学宫，收拾人心。此后十余年，荀子活跃于学宫，居于要职，迎来了个人学术的辉煌期。如他三次担任学宫“祭酒”（学术魁首），“最为老师”，并“聚人徒，立师学”。荀子思想在这一时期广为传播，趋于成熟，形成后来赫赫有名的“孙氏之儒”。

荀子久居齐国，学问渐精，但在施展王道治世的政治抱负上并无起色，这使得他再次离开齐国，向西入秦访赵，以期实现“儒术诚行，则天下大而富”的梦想。但秦、赵两国虎视眈眈，战争不断，都在处心积虑地筹划如何以武力兼并或防备对方，所以，两国国君对荀子的说教不屑一顾。荀子只好再度返回齐国，继续著书立说，讲学授徒。在齐王建登基后，因不堪外戚与内宠的排挤，荀子又一次离开齐国，前往楚地宣扬儒学。

在楚国伊始，荀子深得国相春申君黄歇的赏识，一度为政兰陵。但不久遭人诬陷，离楚赴赵。在赵国，他受到国相平原君赵胜的优待。但平原君去世后，荀子又回到楚国。

晚年的荀子隐于兰陵，笔耕不辍，潜心著述。这些作品后来由其弟子和他人补充、整理成册，流传至今，即《荀子》一书。今本《荀子》分二十卷、三十二篇，近八万字，各篇均有相对明确的主题，多首尾呼应，自成一体。从全书主体思想来看，《荀子》以儒家为本，“游文于六经之中，留意于仁义之际，祖述尧、舜，宪章文、武，宗师仲尼”，同时兼采道、法、名、墨诸家之长，内容广博，观点鲜明，论证扎实，以理言事，在儒家和先秦诸子中独树风标，自成一家。它围绕礼乐文明、儒术诚行、富国强邦、天下太平等议题，集中论述了治学之道、人生修养、学术批判、天人分合、性伪之辨、知行合一、名实之别、礼乐教化、明分使群、隆礼重法、王霸天下、富国强兵等内容，形成体大思精、蔚然可观的荀子思想，亦称“荀学”。

本书语录摘自《荀子》原文，依其含义大致分为劝学、修身、德行、师友、言语、政事、人性、礼乐、天人、议兵十篇。每条语录后配以注释、译文，力求简明易懂，希望能为读者了解荀子思想的精华提供便捷之径。

古语道："我有好爵，吾与尔靡之。"让我们一起打开《荀子语录》，领略《荀子》独特的魅力，共同开启增益智慧和德行之旅吧！

巩宝平

2015年7月于曲阜师范大学

目录

劝学篇

概述

本篇所选为荀子关于学习的论述，内涵丰富，包括学习的本质、内容、过程、目的、方法等。荀子主张君子之学，希望士人能成贤成圣，道出学习的本质就是使人道德高尚、思想豁达。学习的内容和过程是诵习古经、体行古礼、修养身心，从普通的士人向君子、圣贤境界努力，即“其数始乎诵经，终乎读《礼》；其义则始乎为士，终乎为圣人”“固学为圣人也，非特学无方之民也”。学习的目的是消解人性之恶，化性起伪，变化气质，使人人向善向美，成为他人学习的榜样。所谓“君子之学如蜕，幡然迁之”“君子之学也，以美其身”“在本朝则美政，在下位则美俗”“君子之学也，入乎耳，箸乎心，布乎四体，形乎动静。端而言，蝡而动，一可以为法则”。在学习方法上，荀子认为学者首先要树立追求圣贤的壮志和青出于蓝而胜于蓝的雄心，确立“学不可以已”“学至乎没而后止也”的终身学习观，主张博学勤思、善用外物、学行结合、持之以恒、学尽其理。总之，荀子主张士人的君子之学，希望能成为圣贤，修身、齐家、治国，美化政风民俗。

学不可以已。青[①],取之于蓝[②]而青于蓝;冰,水为之而寒于水。

(《荀子 · 劝学》)

注释

①青:靛青。

②蓝:蓼蓝,其叶可通过发酵提炼出蓝色染料,即靛青。

译文

学习是没有止境的,要活到老,学到老。靛青是从蓼蓝中提取出来的,但比蓼蓝更青;冰是水遇冷凝结而成的,但比水更冷。

木受绳则直,金[①]就砺则利,君子博学而日参省乎己[②],则知[③]明而行无过矣。

(《荀子 · 劝学》)

注释

①金:金属。

②参省(xǐng)乎己:多次反省自身。参,通"三",喻多次。

③知:通"智"。

〈译文〉

以墨线为基准方可使加工的木材笔直，用磨刀石方可将金属制品打磨得锋利，君子广泛地学习并每天多次自我反省，就会变得聪明睿智而行为无过失。

假舆马者，非利足也而致千里；假舟楫者，非能水也而绝①江河。君子生②非异也，善假于物也。

（《荀子·劝学》）

〈注释〉

①绝：跨越。

②生：通“性”，指资质。

〈译文〉

借助车马的人，并不是脚走得快，却可以到达千里之外；借助舟船的人，并不是善于游泳，却可以横渡江河。君子的资质生来跟一般人没什么差异，只是善于借助外物罢了。

骐骥一跃，不能十步；驽马十驾①，功

在不舍。锲[②]而舍之，朽木不折；锲而不舍，金[③]石可镂[④]。

（《荀子·劝学》）

注释

①十驾：马驾车走十天的路程。

②锲：刻。

③金：金属。

④镂：雕刻。

译文

良马一跃，不会超过十步；劣马跑十天也能走很远的路程，这是坚持不懈的缘故。如果雕刻时断时续，腐烂的木头也不会被折断；如果不停地刻下去，坚硬的金石也能被雕刻成形。

无冥冥之志者，无昭昭之明；无惛惛之事者，无赫赫之功。

（《荀子·劝学》）

译文

没有专心致志的努力，就不会有明察秋毫的智慧；没有潜心用功的付出，就不会有显赫卓著的功勋。

学恶[1]乎始？恶乎终？曰：其数[2]则始乎诵经，终乎读《礼》[3]；其义则始乎为士[4]，终乎为圣人。

（《荀子·劝学》）

注释

①恶(wū)：哪里。

②数：学习的顺序、路数。

③《礼》：指《仪礼》。

④士：先秦时期拥有一定的知识、技能和道德的人。

译文

学习从哪里开始，又在哪里终结呢？答：学习从顺序上来说，应始于诵读经书，终于习读《仪礼》；从意义上而论，应始于做一名合格的士人，终于成为一名学博德高的圣人。

真积力久则入，学至乎没[1]而后止也。

（《荀子·劝学》）

注释

①没：通"殁"，死。

译文

只有真正地长久积累才能渐入佳境，学习直到老死方可休止。

学，数有终，若其义则不可须臾舍也。为之，人也；舍之，禽兽也。

（《荀子·劝学》）

译文

从量化的角度来看，学习有结束的时候；从意义上来说，学习是时刻也不能放弃的。一个人毕生好学，才成其为人；反之，则与禽兽无异。

君子之学也，入乎耳，箸①乎心，布乎四体，形乎动静。端而言，蝡而动，一可以为法则②。

（《荀子·劝学》）

注释

①箸：通“著（zhuó）”，附着。

②端而言，蝡（rú）而动，一可以为法则：君子为人，谨言慎行，

一举一动都可为表率。端,通“喘”,微言。蝡,通“蠕”,微动。一,都。

译文

君子做学问,就是听取有益身心的东西,将其记在心间,流布全身,表现在行动上。他谨言慎行,堪为世人学习的榜样。

古之学者为己,今之学者为人。

(《荀子·劝学》)

译文

古代的学者是为自己的德行、学问而求学,如今的学者是为获得别人赏识、肯定和谋取私利而求学。

君子之学也,以美其身;小人之学也,以为禽犊①。

(《荀子·劝学》)

注释

①禽犊:古人相互间赠礼多以家禽、小牛为仪,代指礼品。此处喻指小人把学问当作取悦于人的工具,与赠礼无异。

〈译文〉

君子求学，是为了完善自己的身心；小人则将求学当作取悦他人的赠礼——与家禽、牛犊没什么差别。

隆礼，虽未明，法士也；不隆礼，虽察辩，散儒[①]也。

（《荀子·劝学》）

〈注释〉

①散儒：不尊礼法、言行散漫之儒。

〈译文〉

尊崇礼义，即使没有完全领会其内容与精神，也是礼法之士；不尊崇礼义，即使明察秋毫、巧言善辩，也不过是言行散漫的儒者而已。

君子知夫不全不粹之不足以为美也，故诵数以贯之[①]，思索以通之，为其人以处之，除其害者以持养之。

（《荀子·劝学》）

注释

①诵数以贯之：反复诵读，以求融会贯通。

译文

君子知道学习礼义要是不全面领悟、精益求精就不能称之为完美，所以反复诵读《礼经》以求融会贯通，不断思考求索礼以求通达无碍，与他人以礼相处，去除糟粕以保持其纯正。

我欲贱而贵，愚而知，贫而富，可乎？曰：其唯学乎！彼学者行之，曰士也；敦慕[①]焉，君子也；知之，圣人也。

（《荀子·儒效》）

注释

①敦慕：勤奋勉力。慕，通“勉”。

译文

我想从卑贱变为高贵，从愚笨变为明智，从贫穷而致富有，可以吗？答：那只有学习了。那些学习仁义礼法的人能行其所学，就是士；能勤勉力行，就是君子；能知道其精髓与要义，就是圣人。

学者，固学为圣人也，非特学无方之民也。

（《荀子·礼论》）

译文

学习，本该学做圣人，不是只学做不受礼义约束的凡人。

善为《诗》者不说，善为《易》者不占，善为《礼》者不相①，其心同②也。

（《荀子·大略》）

注释

①相：司仪，赞礼的人。

②心同：指目的一致，即担心随意解释、占卜、为相可能会曲解文献的本来含义。

译文

善于研究《诗》的人不轻易解说《诗》，善于研究《易》的人不轻易占卦，善于研习《礼》的人不轻易做行礼的司仪，他们的目的是相同的。

学问不厌，好士不倦，是天府也。

（《荀子·大略》）

〈译文〉

勤学好问，爱惜人才，对此从不厌倦，这是为政者的宝贵财富。

学者非必为仕，而仕者必如学。

（《荀子·大略》）

〈译文〉

学习不一定都是为了入仕为官，而入仕者必须要去学习。

善学者尽其理，善行者究其难。

（《荀子·大略》）

〈译文〉

善于学习的人能透彻地认识事物背后的道理，善于做事的人会细究困难的原委。

弟子勉学，天不忘也。圣人共[①]手，时几将矣。

（《荀子·赋》）

注释

①共：同“拱”，拱手。

译文

弟子努力学习礼，上天定会记在心。圣贤拱手把位让，良机就在眼前降。

君子之学如蜕[①]，幡然[②]迁之。故其行效，其立效，其坐效，其置颜色、出辞气效。无留善，无宿问。

（《荀子·大略》）

注释

①蜕：蛇、蝉等动物蜕皮或脱壳。

②幡然：迅速彻底的样子。

译文

君子学习礼义就像蛇、蝉等动物蜕皮或脱壳一样，气质会有明显的变化。所以他行走、站立、坐姿、面部表情、措辞口气都效仿礼的标准。他见好事就做，有疑问就问。

修身篇

概述

本篇所选为荀子关于修身的论述，讲治心之道、养心之术，包括修身的本质、内容、方法、境界等。荀子认为修身的本质是礼义之道在养生方面的体现，所谓“养生安乐者，莫大乎礼义”“积礼义而为君子”。修身的内容有治气、治心、养目、养口、养体、养形，补充不足，保全优势，积善成德等。修身的方法很多，如以平愉之心养目、养口、养体、养形，以礼义调和刚强、诈伪、草率、狭隘、贪利、驽钝、轻浮、呆板等缺点，以谦让退守之道来保全聪明、功勋、勇武、富有等优势，等等。修身的境界就是“心平愉”“志意修”“道义重”“积善成德而神明自得，圣心备焉”，最终成为文质彬彬的君子甚至是大儒、圣人。在荀子看来，修养到一定境界的君子应当有“志意修则骄富贵，道义重则轻王公”的志气、“内省而外物轻”的洒脱、“自知者不怨人，知命者不怨天”的通达、“不为贫穷怠乎道”的操守、“怒不过夺，喜不过予”的理性、“不慕往，不闵来，无邑怜之心”的坦然、“当时则动，物至而应，事起而辨”的从容等，值得细品深思。

道者，古今之正权[1]也。离道而内自择，则不知祸福之所托。

（《荀子·正名》）

注释

① 权：秤锤，一种度量衡器。这里代指衡量准则。

译文

道（即礼义之道）是衡量古今万事万物的正确标准。一个人如果离开了道的指导而仅凭自己的理解作出选择，就会不明白祸福的根源。

凡用血气、志意、知虑，由礼则治通，不由礼则勃乱提僈[1]。

（《荀子·修身》）

注释

①勃乱提僈（màn）：错乱迟怠。勃，通“悖”。

译文

凡是动用血气、意志、智慧和思虑时，遵循礼义就会身心通达，否则就会错乱迟怠。

凡治气养心之术，莫径由礼，莫要得师，莫神一好。

（《荀子·修身》）

译文

大凡调治血气、修养心性的方法，最直接的就是遵循礼而为，最紧要的就是得到良师指导，最神奇的就是一贯地专心行善。

仁者之思也恭，圣者之思也乐。此治心之道也。

（《荀子·解蔽》）

译文

仁者心怀恭敬地思考，圣人满心喜悦地思考。这是修养心性的根本方法。

心平愉，则色不及佣[①]而可以养目，声不及佣而可以养耳，蔬食[②]菜羹而可以养口，粗布之衣、粗纠[③]之履而可以养体，屋室、庐庾、葭稾蓐④、尚⑤机⑥筵⑦而可以养形。

(《荀子·正名》)

注释

①佣:通“庸”,平常。

②蔬食:同“疏食”,粗食。

③粗紃(xún):粗麻绳。

④屋室、庐庾、葭(jiā)稾(gǎo)蓐:窄房子、露天棚、草席蓐。葭,初生芦苇。稾,谷类植物的茎秆。蓐,草垫。

⑤尚:当为“敝”字之误,“敝”通“敝”,破旧。

⑥机:通“几”,小桌。

⑦筵:竹制垫席。

译文

心情平和愉悦,即使所视之物不如平常之物也可用来赏心悦目,所闻之声不如平常之声也可用来愉心悦耳,粗茶淡饭也可养口,粗制衣鞋也可养体,小屋、陋帘、草垫、破桌等起居之物再简陋也可用来安身。

人莫贵乎生,莫乐乎安,所以养生安乐者,莫大乎礼义。

(《荀子·强国》)

〈译文〉

人最宝贵的是生命，最快乐的是安宁，涵养生命、获得安宁的最主要途径是遵行礼义。

言有招祸也，行有招辱也，君子慎其所立乎。

(《荀子·劝学》)

〈译文〉

说话不妥会招来灾祸，做事不周会招致侮辱，君子要谨慎对待自己安身立命的原则。

知者之举事也，满则虑嗛①，平则虑险，安则虑危，曲重其豫，犹恐及其祸，是以百举而不陷也。

(《荀子·仲尼》)

〈注释〉

①嗛(qiān)：通“歉”，不足。

〈译文〉

明智的人处理事务，在圆满时就会想到可能存在的不足，在顺利时就会想到隐藏的艰险，在安定时就会想到潜在的危险，全面考虑、预防，仍然害怕遇到祸患，所以处理各种事情不会有什么失误。

不动乎众人之非誉，不治观者之耳目，不赂贵者之权势，不利传辟[①]者之辞。

（《荀子·正名》）

注释

①辟：通“僻”，邪僻不正。

译文

不为众人的褒贬而动摇心志，不打扰观众的视听，不因显贵者的权势而行贿，不帮助邪僻的人传播邪说。

无用吾之所短遇人之所长，故塞而避所短，移而从所任[①]。

（《荀子·大略》）

注释

①任：能。

〈译文〉

不用自己的短处面对他人的长处，所以需要适当回避自己的短处，依从自己的能力，发挥特长。

不慕往，不闵[1]来，无邑[2]怜之心，当时则动，物至而应，事起而辨[3]，治乱可否，昭然明矣。

（《荀子·解蔽》）

〈注释〉

①闵：忧虑。

②邑：通“悒”，忧愁。

③辨：通“办”，治理。

〈译文〉

如果君主不羡慕过去，不担心未来，无忧无虑，适时而行，物来就去应对，事至就去处理，那么国家能否得到治理就很明白了。

积土成山，风雨兴焉；积水成渊，蛟龙生焉；积善成德而神明自得，圣心备焉。

（《荀子·劝学》）

译文

泥土积聚多了就能垒成高山，风雨就会在山头兴起；水流积蓄多了就会形成深潭，蛟龙就会在潭中出没；人的善行积累多了就能养成高尚的品德，达到最高的智慧，具备圣人的境界。

尧、禹者，非生而具者也，夫起于变故，成乎修为[①]，修之待尽而后备者也。

（《荀子·荣辱》）

注释

①修为：修养作为。

译文

尧、禹并非天生就是圣贤，而是从经历各种变故和磨难开始，然后修身养性、有所作为，等到修养磨炼到一定程度才成为圣贤。

涂[①]之人、百姓积善而全尽，谓之圣人。

（《荀子·儒效》）

注释

①涂:通“途”。

译文

过路行人、普通百姓积累善行,尽善尽美,就可称为圣人了。

习俗移志,安久移质,并一而不二,则通于神明,参于天地矣。

(《荀子·儒效》)

译文

一个人如果习惯了某种风俗,会改变志向;久安于某种环境,会改变本质;学习时专心致志,就会神通聪明,傲然立于天地间。

蓬生麻中,不扶而直;白沙在涅,与之俱黑①。兰槐②之根是为芷,其渐之滫③,君子不近,庶人不服④。其质非不美也,所渐者然也。

(《荀子·劝学》)

注释

①“白沙在涅，与之俱黑”八字，《集解》本无，据《尚书·洪范》补。

②兰槐：香草名，古称其苗为“兰”，根为“芷”，故亦名“兰芷”。

③渐之滫(xiǔ)：浸在臭水里。

④服：服用。

译文

蓬草生在种有大麻的田中，不去扶持，也会挺直；白色的沙子与黑土相掺，也会变黑。兰槐的根为芷，如果被浸泡在臭水里，就会由香变臭，君子不靠近，百姓也不佩戴。芷的本质虽美，但所浸泡的臭水使它变得不美。

君子居必择乡，游必就士①，所以防邪僻而近中正也。

（《荀子·劝学》）

注释

①居必择乡，游必就士：居住或求学要选择环境好的地方和贤能之士相处，以利于培育品德学问。

译文

君子居住时一定选择好的环境，里仁而居，外出交游时多与贤士往来，这样做是为了使自己在德学上不误入歧途，接近中正之道。

见善，修然①必以自存②也；见不善，愀然③必以自省也。善在身，介然④必以自好也；不善在身，菑然⑤必以自恶也。

（《荀子·修身》）

注释

①修然：肃然起敬的样子。

②存：省察。

③愀然：忧惧谨慎的样子。

④介然：洁净的样子。介，通“洁”。

⑤菑（zī）然：污浊的样子。菑，同“缁”，黑色。

译文

目睹善行，肃然起敬，必然会省察自身；看到恶行，忧惧不安，必然会反思自身。坚持行善，必然会洁身自好；坚持行恶，必然会使自己思想污浊而令人厌恶。

君子隆师而亲友，以致恶其贼①。

（《荀子·修身》）

注释

①贼:害人者。

译文

君子尊敬老师而亲近朋友,厌恶有害德行的坏人。

其为人也多暇日[①]者,其出入[②]不远矣。

(《荀子·修身》)

注释

①多暇日:多时日,指懒人多闲空。

②出入:当作“出人”,超群出众。

译文

那些空闲多的人,是不可能超群出众的。

好女之色,恶者之孽也;公正之士,众人之痤[①]也;循乎道之人,污邪之贼也。

(《荀子·君道》)

注释

①痤(cuó):痤疮,一种皮肤病。此处代指不适之感。

译文

美女的姿色,是德行丑恶者的祸根;公平正直的贤士,会给平庸之人带来不适;遵循道义的人,是邪恶污秽者的敌人。

端悫[①]顺弟[②],则可谓善少者矣;加好学逊敏焉,则有钧无上[③],可以为君子者矣。

(《荀子·修身》)

注释

①端悫(què):正直诚实。

②弟:通“悌”,尊敬兄长。

③有钧无上:有与之齐等而无超出者。钧,通“均”。

译文

一个人如果正直诚实而又孝顺父母、尊敬兄长,就可称为好少年了;再加上好学谦虚、行事敏捷,就会出类拔萃,就可称为君子了。

君子之求利也略，其远[①]害也早，其避辱也惧[②]，其行道也勇。

（《荀子·修身》）

注释

①远：远离。

②惧：通“遽”，快速。

译文

君子忽略谋求私利之事，可以较早地远离祸害，快速地躲避侮辱，勇敢地推行王道。

君子贫穷而志广，富贵而体恭，安燕[①]而血气不惰，劳倦而容貌不枯，怒不过夺，喜不过予。

（《荀子·修身》）

注释

①安燕：安闲。

译文

作为君子，即使贫穷但志向远大，即使富贵但仪态恭敬，即使生活安逸但积极向上，即使劳累疲倦但容貌不衰，即使生气但不迁怒他人，即使高兴但不过分奖赏他人。

君子行不贵苟[1]难，说不贵苟察，名不贵苟传，唯其当之为贵。

(《荀子·不苟》)

注释

①苟：随便、轻易。此处指不合礼义。

译文

君子的行为不以做不合乎礼义的难事为可贵，学说不以不合乎礼义的明察为可贵，名声不以不合乎礼义的流传为可贵，只以符合礼义为可贵。

君子能则宽容易直以开道[1]人，不能则恭敬缚绌[2]以畏事人；小人能则倨傲僻违以骄溢人[3]，不能则妒嫉怨诽以倾覆人。

(《荀子·不苟》)

注释

①道：通"导"，开导。

②缚(zǔn)绌(chù):通"撙黜",谦逊、节制。

③倨傲僻违以骄溢人:恃才骄傲,乖邪无礼,凌驾于他人之上。僻违,乖邪无礼。

译文

君子有才能就宽容平易、正直不阿地开导别人;没有才能就恭敬谦虚、小心翼翼地听从贤人的指示。小人有些才能就恃才自大,乖邪无礼,凌驾于别人之上;没有才能就嫉贤妒能,怨恨诽谤,以搞垮别人。

君子宽而不僈[①],廉而不刿[②],辩而不争,察而不激[③],寡立而不胜[④],坚强而不暴,柔从而不流,恭敬谨慎而容。

(《荀子·不苟》)

注释

①僈:通"慢",怠慢。

②刿(guì):刺伤。

③激:冲动。

④不胜:不与人争胜。

译文

君子宽厚但不怠慢他人,正直而不伤害他人,善辩而不妄争，明察而不偏激，卓尔不群而不争强好胜，坚强而不残暴，柔顺但不媚俗，恭敬谨慎而又大度从容。

君子崇人之德，扬人之美，非谄谀也；正义直指①，举人之过恶，非毁疵也；言己之光美拟于舜、禹，参②于天地，非夸诞也；与时屈伸，柔从若蒲苇，非慑怯也；刚强猛毅，靡所不信③，非骄暴也。

（《荀子·不苟》）

注释

①正义直指：公正议论，直言相责。义，通“议”。

②参（sān）：并列。

③靡所不信：没有什么地方不正直。信，通“伸”，伸直、不屈。此处代指正直。

译文

君子推崇别人的德行，表扬他人的优点，并非阿谀奉承；公正地议论、直指对方过错，并不是成心诋毁、挑剔他人；说自己美德光耀千古，堪比舜、禹，与天地并列，并不是自夸自欺；随着形势的发展选择后退或者前进，有时柔顺如香蒲和芦苇，并非懦弱胆小；刚强勇猛，没有什么地方不正直,并非有意显示骄横残暴。

君子大心则天而道,小心则畏义而节;知则明通而类,愚则端悫而法①;见由②则恭而止,见闭③则敬而齐;喜则和而理,忧则静而理;通则文而明,穷则约而详。

(《荀子 · 不苟》)

注释

①端悫而法:正直诚实而有法度。

②见由:被任用。

③见闭:不被任用。

译文

君子如果志向远大,就会遵循天命的引导而行;如果小心谨慎,就会敬畏礼义节制而行。如果聪慧知理,就会明智通达,并能以此类推;如果愚钝,就会端正诚实而有法可守。如果被任用,就会恭敬地适时而止;如果不被任用,就会以敬畏之心修养自身。如果高兴,就会心平气和地处理事情;如果忧愁,就会冷静客观地办理事务。如果事业发达,就会博学于文,明察秋毫;如果事业不顺,就会约之以礼,详知得失。

君子洁[①]其辩而同焉者合矣，善其言而类焉者应矣。

（《荀子·不苟》）

注释

①洁：清洁、修饰。

译文

君子修饰他的辩词，持同样观点的人会与之投合；修缮他的言语，类似者会与之呼应。

君子养心莫善于诚，致诚则无它事矣，唯仁之为守，唯义之为行。

（《荀子·不苟》）

译文

君子最好以诚来保养身心，做到真诚相待，就没有其他的事了，只要守仁行义即可。

君子至德，嘿然而喻[①]，未施而亲，不怒而威。

（《荀子·不苟》）

注释

①嘿然而喻：沉默不语但心中明晓。嘿，通"默"，沉默不语。

译文

君子最高的德就是沉默不语但内心明白，没有施惠但和蔼可亲，外不示怒但威严无比。

君子位尊而志恭，心小而道大，所听视者近而所闻见者远。

（《荀子·不苟》）

译文

君子地位尊贵但心志保持恭敬，身心微小但胸怀大道，所见所闻之事很近但见识广远。

君子能为可贵，不能使人必贵己；能为可信，不能使人必信己；能为可用，不能使人必用己。

（《荀子·非十二子》）

译文

君子有令人尊崇的才能，但不能使别人一定尊崇自己;有令人信服的才能,但不能使别人一定相信自己;有堪当大任的才能,但不能使别人一定任用自己。

君子耻不修,不耻见[①]污;耻不信,不耻不见信;耻不能,不耻不见用。

(《荀子·非十二子》)

注释

①见:被。

译文

君子耻于德行没有修养,不耻于被人污蔑;耻于没有令人信服的才能,不耻于不被他人信任;耻于自己无能为力,不耻于不被他人任用。

不诱于誉,不恐于诽,率[①]道而行,端然正己,不为物倾侧,夫是之谓诚[②]君子。

(《荀子·非十二子》)

注释

①率:遵循。

②诚:真。

译文

如果一个人不被名誉所诱惑,不被流言诽谤所吓倒,遵循礼义之道行事,端正自己的身心,不受外物影响而改变主见,这就可称作真君子。

君子安礼乐,利谨慎①而无斗怒,是以百举②不过也。

(《荀子·臣道》)

注释

①利谨慎:以谨慎为利。

②百举:很多举措。

译文

君子安于礼乐,以谨慎小心为利,避免争斗和动怒,因此各种举措都不会有过失。

君子务修其内而让之于外,务积德于身而处之以遵道。

(《荀子·儒效》)

译文

君子致力于修养内心而待人谦逊，致力于积累德行而遵循道义。

人积耨耕[①]而为农夫，积斲削而为工匠，积反货[②]而为商贾，积礼义而为君子。

（《荀子·儒效》）

注释

①耨（nòu）耕：耕耘。耨，除草。

②反货：贩货。反，通“贩”。

译文

普通人通过积累耕种作物的经验而后成为农夫，通过积累砍削器物的技巧而后成为工匠，通过积累贩卖货物的经验而后成为商人，同样的道理，通过积累礼义德行而后成为君子。

人知谨注错[①]，慎习俗，大积靡，则为君子矣；纵情性而不足问学，则为小人矣。

（《荀子·儒效》）

注释

①注错:举措。

译文

一个人知道谨慎安排自己的言行,慎重对待周围的风俗,不断积累礼义,就会成为君子;如果放纵情欲与本性,不重视学习、修养,就会沦为小人。

君子之度己则以绳,接人则用枻①。度己以绳,故足以为天下法则矣;接人用枻,故能宽容,因求以成天下之大事矣。

(《荀子·非相》)

注释

①枻(yè):通"榏(yì)",短桨,这里代指用船渡济他人,引申为宽容。

译文

君子要像木工用墨线来取直木材一样严于律己,像为人提供渡河的船桨一样宽以待人。用墨线似的标准严格律己,所以君子完全可以成为天下人效法的榜样;用为人提供船桨似的胸怀对待他人,所以君子能够宽容处世,成就平治天下的大业。

君子耳不听淫声，目不视女色，口不出恶言。

（《荀子·乐论》）

译文

君子两耳不听闻无礼放荡之乐，双眼不注视妖艳女子之容，嘴上不谈论邪恶无礼之言。

无稽之言，不见之行，不闻之谋，君子慎之。

（《荀子·正名》）

译文

对于没有经过验证的言论，没有亲眼看见的行为，没有亲耳听说的谋划，君子总是谨慎待之。

祸之所由生也，生自纤纤也。是故君子蚤[1]绝之。

（《荀子·大略》）

注释

①蚤：通“早”。

译文

祸患都源于被忽略的细微之处。所以君子要及早消除它。

君子隘穷而不失，劳倦而不苟，临患难而不忘细席[①]之言。

（《荀子·大略》）

注释

①细席：指褥垫。

译文

君子穷困但不失大节，劳累但不苟且偷生，面临灾患但不忘自己的主张。

岁不寒无以知松柏，事不难无以知君子无日不在是。

（《荀子·大略》）

译文

气候不寒冷，就无法知道松柏的坚强；事情不难办，就无法知道君子无时不在思考这件事情的解决之道。

欲观千岁，则数今日；欲知亿万，则审一二；欲知上世，则审周道[①]；欲知周道，则审其人所贵君子。

（《荀子·非相》）

注释

①周道：周代的治国之道，即礼乐文明。

译文

想观察千年历史，就要先了解当今情况；欲察知亿万之数，就要先从一、二数起；欲知上古三代，就要先审视周代礼乐文明；欲知周代礼乐文明，就要先审视周人所尊崇的君子。

志忍私，然后能公；行忍情性，然后能修；知而好问，然后能才。公修而才，可谓小儒矣。

（《荀子·儒效》）

译文

思想上克制了私欲，然后才能秉持公正；行为上抑制了本性，然后才能呈现善良；聪明而又乐于请教他人，然后才能成才。一个人如果去私为公、行为善良又有才，就可以称为小儒了。

志安公，行安修，知通统类，如是则可谓大儒矣。

（《荀子 · 儒效》）

〈译文〉

志向安于公正，行为安于善良，才智精通礼义，这样的人就可称作大儒了。

其言有类，其行有礼，其举事无悔，其持险应变曲当，与时迁徙，与世偃仰，千举万变，其道一也。是大儒之稽也。

（《荀子 · 儒效》）

〈译文〉

他发言有章法，行为合乎礼义，做事稳妥无失，身处险境而能应对从容、妥当，与时偕行，能进能退，虽然遭遇各种变化，但奉行的原则始终如一。这就是考察大儒的标准。

志以礼安，言以类使，则儒道毕矣。

（《荀子·子道》）

〈译文〉

以礼立志安身，指导言谈，就可完整地体现出儒家之道。

良农不为水旱不耕，良贾不为折阅[①]不市，士君子不为贫穷怠乎道。

（《荀子·修身》）

〈注释〉

①折（shé）阅：亏损。

〈译文〉

好的农夫不会因为某年旱涝而辍耕不作，好的商人不会因为一时亏损而不再入市经商，士君子不会因为一时贫困而松懈对道的追求。

志意修[①]则骄[②]富贵，道义重则轻王公。内省而外物轻矣。

（《荀子·修身》）

注释

①修：美善。

②骄：傲视。

译文

志向、意志美善，就会傲视富贵之人；道德、礼义厚重，就会轻视王公之辈。内心省察到一定的境界，就会看轻外界万物。

福事至则和而理，祸事至则静而理。富则施广，贫则用节。可贵可贱也，可富可贫也，可杀而不可使为奸也。

（《荀子 · 仲尼》）

译文

好事来临时，要心平气和地处理；灾祸降临时，要冷静、清醒地处理。富裕时要广加施舍，贫穷时要节约用度。君子可以身处尊贵的地位，也可以安于低贱的处境；可以过富裕的生活，也可以持守贫穷的窘境；可以被杀掉，但不可以被强迫做有违礼法的事。

义之所在，不倾于权，不顾其利，举国而与之不为改视，重死持义而不桡①，是士君子之勇也。

（《荀子·荣辱》）

注释

①不桡(náo)：不屈。

译文

在道义存在的地方，不屈从权威，不顾念私利，即使把整个国家给他也不能改变他坚守道义的志向，重视死得其所，坚持正义而不屈不挠，这就是士君子的勇敢。

志轻理而不重物者，无之有也；外重物而不内忧者，无之有也；行离理而不外危者，无之有也；外危而不内恐者，无之有也。

（《荀子·正名》）

译文

轻视礼义而不重视外在物质利益的人，世上没有；重视外在物质利益而内心不患得患失的人，世上没有；行为与礼义相背离而没有外部危险的人，世上没有；身临险境而内心不害怕的人，世上没有。

得众动天。美意延年①。诚信如神。

（《荀子 · 致士》）

注释

①美意延年：保持快乐心境，可益寿延年。

译文

得到众人支持，就能感动上天。拥有快乐心情，可以益寿延年。做到真诚忠信，就能圣明如神。

忠信以为质，端悫以为统，礼义以为文，伦类以为理，喘①而言，臑②而动，而一可以为法则。

（《荀子 · 臣道》）

注释

①喘：微言。

②臑：通“蠕”，微动。

〈译文〉

一个人若内心忠诚守信、正直诚实，外表以礼义修饰、规范，言论小心，行为谨慎，都可成为世人学习的榜样。

志意修，德行厚，知虑明，是荣之由中出者也，夫是之谓义荣。

（《荀子·正论》）

〈译文〉

志向美善，德行敦厚，思维明晰，这是由内部产生的荣耀，称作“道义之荣”。

公生明，偏生暗①，端悫生通，诈伪生塞，诚信生神，夸诞生惑。

（《荀子·不苟》）

〈注释〉

①暗：昏昧。

〈译文〉

一个人如果公正就会聪明，偏执就会昏昧，正直诚信就会通达,欺诈虚伪就会阻塞心灵,真诚守信就会料事如神,虚夸无度就会困惑。

知莫大乎弃疑,行莫大乎无过,事莫大乎无悔。事至无悔而止矣,成① 不可必也。

(《荀子·议兵》)

注释

①成:成功。

译文

最大的智慧就是抛弃疑虑,最好的行动就是没有过失,最完美的事情就是无怨无悔。做事到了无悔的地步就可停止了,不必要求一定成功。

自知者不怨人,知命者不怨天。怨人者穷,怨天者无志。

(《荀子·荣辱》)

〈译文〉

有自知之明的人不抱怨他人，知晓命的人不埋怨上天。抱怨别人的人穷困潦倒，埋怨上天的人胸无大志。

虑之易知也，行之易安也，持之易立也，成则必得其所好，必不遇其所恶焉。

（《荀子·荣辱》）

〈译文〉

一个人如果思想容易明白，行为容易安定，主张容易确立，那么他必然会如愿以偿地成功，必然不会遇到厌恶的事情。

以近知远，以一知万，以微知明。

（《荀子·非相》）

〈译文〉

通过观察近处而推知远方，通过考察一事之道而推知万事之理，通过洞察细微之处而推知更多未明之处。

大巧在所不为，大智在所不虑。

(《荀子 · 天论》)

译文

最高的技巧在于有所不为，最大的智慧在于有所不思。

贵贤，仁也；贱不肖，亦仁也。言而当，知也；默而当，亦知也[①]。故默由知[②]言也。

(《荀子 · 非十二子》)

注释

①言而当，知也；默而当，亦知也：言语得当，是一种智慧；沉默得当，也是一种智慧。当，恰当、合礼。知，通“智”。

②知：知道。

译文

尊重贤能者，是仁爱的表现；轻视不贤者，也是仁爱的表现。言语得当，是一种智慧；沉默得当，也是一种智慧。所以懂得如何沉默就知道如何发言。

坐视膝，立视足，应对言语视面。

（《荀子·大略》）

译文

坐时要看对方的膝，站时要看对方的脚，回答问题时要注视对方的脸。

德行篇

概述

本篇所选为荀子关于德行的论述，包括德行的范畴、实质、修养途径、作用等。在荀子看来，德行的范畴包括仁、义、礼、善、勇、孝、忠等。德行实质上是儒家为人之道（即君子之道）的具体表现形式，所谓“道者，非天之道，非地之道，人之所以道也，君子之所道也”。德行修养的根本途径就是积善成德，即积累仁、义、礼、孝等各种善行以成就德行，要与人为善，待人谦逊，所谓“高上尊贵不以骄人，聪明圣知不以穷人，齐给速通不以先人，刚毅勇敢不以伤人。不知则问，不能则学，虽能必让，然后为德”。具体方法有：多行正义，敬爱他人，约束自己，遵从道义，尽孝尽忠等。如《荀子》中所言“利少而义多，为之”“体恭敬而心忠信，术礼义而情爱人”“仁者必敬人，敬人有道：贤者则贵而敬之，不肖者则畏而敬之；贤者则亲而敬之，不贤者则疏而敬之”“入孝出弟，人之小行也；上顺下笃，人之中行也；从道不从君，从义不从父，人之大行也”等。德行的作用在于安身立命，润泽人生，所谓“仁义德行，常安之术也”“先义而后利者荣”“德至者色泽洽”等。

德至者色泽洽，行尽而声问[①]远。

（《荀子·大略》）

注释

①问：通“闻”，声誉。

译文

一个人如果道德高尚就会气色温润，品行完美就会名声远播。

仁义礼善之于人也，辟[①]之若货财粟米之于家也，多有之者富，少有之者贫，至无有者穷。故大者不能，小者不为，是弃国捐身之道也。

（《荀子·大略》）

注释

①辟：通“譬”。

译文

仁、义、礼、善对于人的作用，就像钱财、粮食对于一个家庭那样重要，占有得多的就富足，占有得少的就清贫，一无所有的就穷困。所以大德大行做不到，小的又不屑一顾，这是抛弃国家前途和自身性命的路啊。

亲亲、故故、庸庸[①]、劳劳，仁之杀[②]也；贵贵、尊尊、贤贤、老老、长长，义之伦也。行之得其节，礼之序也。

（《荀子·大略》）

注释

①庸庸：按功劳大小酬报有功的人。第一个庸为动词，酬谢、酬报；第二个庸为名词，功劳。

②杀（shài）：差等。

译文

亲近亲人、款待故交、奖励立功者、犒赏有劳者，这是行仁有别的表现；尊崇地位高贵者、尊敬官爵显赫者、尊重德才兼备者、孝敬年老的长者、敬重年岁稍高的兄长，这是行义有等的表现。适当地奉行这些仁义之道，就是维护礼的秩序。

君子处仁以义，然后仁也；行义以礼，然后义也；制礼反[①]本成末，然后礼也。三者皆通，然后道也。

（《荀子 · 大略》）

注释

①反：通“返”。

译文

君子以正义之心行仁，然后才会有仁；根据礼来行义，然后才会有义；制定礼回溯本源、完善细节，然后礼成。贯通仁、义 、礼三方面，然后才能获得修身治世的大道。

仁者之行道也，无为也；圣人之行道也，无强也。

（《荀子 · 解蔽》）

译文

仁者行道，不胡作非为；圣人行道，不强人所难。

仁，爱也，故亲。义，理也，故行。礼，节也，故成。

（《荀子 · 大略》）

译文

仁就是爱人，所以人人相亲相近。义就是合理，所以能够付诸实施。礼就是节制，所以能够有所成就。

仁者爱人，义者循理。

（《荀子·议兵》）

译文

仁人敬爱他人，义士遵循礼制。

人贤而不敬，则是禽兽也；人不肖而不敬，则是狎①虎也。

（《荀子·臣道》）

注释

①狎（xiá）：戏弄。

译文

对于贤能的人不表示尊敬，这样的人无异于禽兽；对于无德无才的人不表示尊敬，那就是在戏耍老虎。

仁者必敬人，敬人有道：贤者则贵而敬之，不肖者则畏而敬之；贤者则亲而敬之，不肖者则疏而敬之。其敬一也，其情二也。

（《荀子·臣道》）

译文

有仁德的人必定尊敬别人，但敬人要遵循一定的原则：对贤能的人要珍视并致以敬意，对没有德才的人要畏惧并表示敬意；对贤能的人要亲近并致以敬意，对没有德才的人要远离并表示敬意。对他人表示敬意是一以贯之的，但实际情形又需一分为二地区别对待。

体恭敬而心忠信，术礼义而情爱人①，横行天下，虽困四夷②，人莫不贵。

（《荀子·修身》）

注释

①术礼义而情爱人：以礼义为法，发自内心地爱人。

②四夷：古人对于华夏地区之外的其他地区或民族的统称。

译文

如果一个人外表恭敬而内心忠诚，师法礼义而由衷地爱人，那么他就能从容地行走天下，即使一时被困于边远不化之地，人们也会尊崇他。

正利而为，谓之事。正义而为，谓之行。

（《荀子·正名》）

译文

为了正当的利益而为，称为“事业”。为了正直的道义而为，称为“德行”。

先义而后利者荣，先利而后义者辱；荣者常通，辱者常穷；通者常制人，穷者常制于人。

（《荀子·荣辱》）

译文

办事优先考虑道义的人会获得荣耀，优先谋取私利的人会蒙受羞辱；获荣耀的人事业通达，受羞辱的人穷困无助；通达的人常常管理别人，穷困的人常常被他人管理。

身劳而心安，为之；利少而义多，为之。

（《荀子·修身》）

译文

作为士人，有些事情如果做了会使身体受累但心境安乐，就应该身体力行；有些事情做了尽管获利少，但只要合乎正义，也应该去做。

有兼听之明，而无奋矜之容；有兼覆之厚，而无伐德之色。

（《荀子·正名》）

译文

圣贤之人有听取不同意见的明智，但没有趾高气扬的傲气；有大度能容的宽厚，但没有居功炫耀的神色。

兼服天下之心：高上尊贵不以骄人，聪明圣知[①]不以穷[②]人，齐给速通不以先人，刚毅勇敢不以伤人。不知则问，不能则学，虽能必让，然后为德。

（《荀子·非十二子》）

注释

①知：同“智”。

②穷：使窘迫。

译文

想使人人心服就要做到：职位尊贵但不傲视他人，聪明如圣但不为难别人，才思敏捷但不争强逞能，刚强勇武但不伤害别人。不懂就请教，不会就学习，虽然能干也一定谦让，然后才能成为有德的人。

君子贤而能容罢[①]，知[②]而能容愚，博而能容浅，粹而能容杂，夫是之谓兼术。

（《荀子·非相》）

注释

①罢（pí）：通“疲”，指才德不济、疲弱无能者。

②知：同“智”。

译文

君子德才兼备但能包容无德无才者，聪明但能包容愚昧无知者，博闻但能包容孤陋寡闻者，德学纯粹但能包容品行杂驳者，这就是兼容他人的方法。

劳苦之事则争先，饶乐[1]之事则能让，端悫诚信，拘守而详，横行天下，虽困四夷，人莫不任。

（《荀子·修身》）

注释

①饶乐：安逸享乐。

译文

如果一个人在和别人相处时，吃苦抢在先，享乐让他人，正直诚实，守礼明法，那么他就能从容地行走天下，即便一时被困于边远不化之地，人们也会信任他。

贵名，不可以比周[1]争也，不可以夸诞有也，不可以势重胁也，必将诚此然后就也。争之则失，让之则至；遵道则积，夸诞则虚。

（《荀子·儒效》）

注释

①比周:结党营私。

译文

高贵的名声不能靠结党营私来争取,不能靠虚夸炫耀而拥有,不能靠权势地位来获得,必定要真正地遵循礼义,然后才可成就。妄自争夺就会失之交臂,谦让反而更易得到;遵行道义就会积累美名,虚夸炫耀就会令人虚浮而一无所获。

仁义德行,常安之术也,然而未必不危也;污僈突盗①,常危之术也,然而未必不安也。

(《荀子·荣辱》)

注释

①污僈突盗:不洁其身,欺诈掠夺。

译文

仁爱道义这样的德行,是一个人身心常处安宁的途径,但这未必就意味着永无危险;不洁其身,欺诈豪夺,是一个人身心常处危险的途径,但这未必就意味着永不安全。

蓝苴路作[①]，似知而非。偄[②]弱易夺，似仁而非。悍戆[③]好斗，似勇而非。

（《荀子 · 大略》）

注释

①蓝苴路作：疑当作“滥且略诈”，即苟且欺诈之意。

②偄（ruǎn）：同“软”。或作“懦”，义同。

③戆（zhuàng）：刚直而愚蠢。

译文

对人苟且欺诈，表面聪明实则愚蠢。意志软弱而思想易受他人的影响，看似仁慈而实际并非如此。彪悍刚直，喜欢争斗，貌似勇敢实则不然。

凡生乎天地之间者，有血气之属必有知，有知之属莫不爱其类。

（《荀子 · 礼论》）

译文

所有生于天地之间、有血气的物种一定有智慧，而有智慧的物种没有不爱其同类的。

入孝出弟①,人之小行也;上顺下笃②,人之中行也;从道不从君,从义不从父,人之大行也。

(《荀子·子道》)

注释

①弟:通“悌”,敬爱兄长。

②笃:笃实忠信。

译文

在家孝顺父母,在外敬重兄长,这是一个人低层次的德行;对上司顺从,对下属忠厚,这是一个人中层次的德行;遵循正道而不盲从君主,依据正义而不盲从父亲,这是一个人高层次的德行。

人之于其亲也,至死无穷。

(《荀子·礼论》)

译文

人对于双亲的敬爱之情,无穷无尽,至死不休。

事死如事生，事亡如事存。

（《荀子·礼论》）

译文

侍奉死去的先人就像侍奉生前的他们一样，对待已故的亲人就像对待在世的他们一样。

近者说①则亲，远者说则附。亲近而附远，孝子之道也。

（《荀子·大略》）

注释

①说：通“悦”。

译文

一个人如果能使身边的人快乐，他们就会表示亲近；能使远方的人快乐，他们就会归附。近者亲近而远者归附，这就是孝子之道。

明于从不从之义，而能致恭敬、忠信、

端悫以慎行之，则可谓大孝矣。

（《荀子·子道》）

译文

明白遵从与否的道理，并且能恭恭敬敬、忠厚守信、正直诚实、小心翼翼地践行此理，就可以说是大孝了。

乳彘不触虎，乳狗不远游，不忘其亲也。人也，忧忘其身，内忘其亲，上忘其君，则是人也而曾狗彘之不若也。

（《荀子·荣辱》）

译文

哺乳的母猪不去触动老虎，喂奶的母狗不到远处游走，这是因为它们没有忘记正待抚养的亲生骨肉。作为人，如果忘记了自身、亲人、君主，那么连猪狗都不如。

师友篇

概述

本篇摘录荀子关于师友方面的主张，包括师友的实质、师友的标准、为师之术、交友之道、教子之法。在荀子看来，师友实质上是成就礼义之道的重要前提，“师者，所以正礼也”，“友者，所以相有也。道不同，何以相有也”。良师益友的标准就是对自己的言行给予适当的指正和肯定，使之符合礼义，所谓“非我而当者，吾师也；是我而当者，吾友也”。为师之术，最为关键的是要有威严，老成守信，稳重有度，见微知著，能纠正学生不合乎礼义的地方，即“师术有四，而博习不与焉。尊严而惮，可以为师；耆艾而信，可以为师；诵说而不陵不犯，可以为师；知微而论，可以为师”“师者，所以正礼也”。关于交友之道，荀子认为交友一定要选择善良正直、遵循道义、讲仁明礼的人，所谓“取友善人”“士有争友，不为不义”“多知而无亲，博学而无方，好多而无定者，君子不与”等。在家庭教育方面，荀子提出爱护、教导子女时要注意原则、方法和技巧，如疼爱孩子不需当面表示，指派事情不要显露神色，要多加引导而不能强迫等，这些对于当今社会人们如何教育子女都是很好的启示。

非我而当者，吾师也；是我而当者，吾友也。

（《荀子·修身》）

〈译文〉

恰当地指出我的缺点的人，是我的良师；恰当地指出我的优点的人，是我的益友。

人虽有性质美而心辨知，必将求贤师而事之，择良友而友之。

（《荀子·性恶》）

〈译文〉

一个人即使资质美善，聪明睿智，也定将寻找贤能有为的老师请教，选择德才兼备的朋友交往。

君子也者而好之，其人；其人也而不教，不祥。非君子而好之，非其人也；非其人而教之，赍[①]盗粮、借贼兵也。

（《荀子·大略》）

注释

①赍(jī):送给。

译文

一个人如果爱慕君子,就是可塑之才;不对他加以教导,是不祥之事。一个人如果爱慕不是君子的人,就不是可塑之才;教导这样的人,危害极大,等于把粮食送给小偷,把兵器借给盗贼。

诸侯问政,不及安存,则不告也。匹夫问学,不及为士,则不教也。百家之说,不及先王,则不听也。

(《荀子·儒效》)

译文

对于君子而言,诸侯询问治政,如果不谈及安定国家,就不告知他。普通人来求学,如果不谈及如何做士,就不教导他。各家学说如果不涉及上古三代圣王,就不值得一听。

礼者，所以正身也；师者，所以正礼也。

（《荀子·修身》）

译文

礼，是端正身心的根据；老师，是纠正礼的准则。

学也者，法礼也。夫师，以身为正仪[①]而贵自安者也。

（《荀子·修身》）

注释

①正仪：以礼端正言行的典范。

译文

学习，就是以礼为行动的法则。老师，就是以身作则又重视以礼安身立命的人。

师术有四，而博习不与[①]焉。尊严而惮，可以为师；耆艾而信[②]，可以为师；诵说而不陵不犯，可以为师；知微而论，可以为师。

（《荀子·致士》）

〈注释〉

①与：参与其中。

②耆艾而信：年长而有威信。耆，称六十岁老者为"耆"。艾，称五十岁老者为"艾"。

〈译文〉

为人师之道有四方面表现，博学多闻不在其内。庄严而不轻浮，可为人师；年长且有威信，可为人师；正确诵说经义，可为人师；知晓精微的道理并能加以阐述，可为人师。

人有师有法而知则速通，勇则速威，云能则速成，察则速尽，辨则速论[①]。故有师法者，人之大宝也。

（《荀子·儒效》）

〈注释〉

①论：决断。

〈译文〉

人如果有贤师指导、懂礼法而且聪明就会很快地通晓事理，如果勇敢就会很快地树立威严，如果有才能就会很快地成功，如果明察就会迅速地完成，如果善辩就会快速地决断。所以贤师、法度，是人安身处世的法宝。

君子之于子，爱之而勿面，使之而勿貌，导之以道而勿强。

（《荀子·大略》）

译文

君子对于子女的教育，要爱护他们但不轻易表现出来，指使他们但不露神色，适当地引导他们但不勉强他们。

匹夫不可以不慎取友。友者，所以相有[①]也。道不同，何以相有也？

（《荀子·大略》）

注释

①有：通“佑”，帮助。

译文

普通百姓一定要慎重地交友。朋友，是用来互相帮助的。如果言行的根本原则不同，用什么来互帮互助呢？

取友善人，不可不慎，是德之基也。

（《荀子·大略》）

〈译文〉

要选择好人做朋友，不可不慎重，这是一切道德的根基啊。

君子赠人以言，庶人赠人以财。

（《荀子·大略》）

〈译文〉

君子用美言嘉语送别离去的友人，百姓用丰厚财物送别离去的友人。

士有妒友，则贤交不亲。

（《荀子·大略》）

〈译文〉

士人如果有忌妒心重的朋友，那么贤人和他的交往就不亲近。

多知而无亲，博学而无方，好多而无定者，君子不与。

（《荀子 · 大略》）

〈译文〉

一个人如果知识面广但没有专门爱好，学得很多但没有一定方向，喜好很多但没有确定目标，君子不和他交往。

言语篇

概述

本篇摘录荀子关于言语的主张，实质上是君子之道在言谈方面的体现，所谓“君子必辩”“君子辩言仁也”。主要内容包括言谈的原则、技巧、目标等。荀子认为言谈的原则是以仁、礼为标准，即“以仁心说，以学心听，以公心辨”“凡知说，有益于理者为之，无益于理者舍之”。言谈的技巧在于，首先，要“与人善言”；其次，要讲究时机、场合，谨慎发言，粗俗无礼的不要传播、听问，不要意气用事地与他人争辩，有疑难或别人没提问不要轻易发言，所谓“问楛者，勿告也；告楛者，勿问也；说楛者，勿听也；有争气者，勿与辩也”“疑则不言，未问则不言”；再次，要实事求是，论说“贵其有辨合、有符验”，“善言古者，必有节于今；善言天者，必有征于人”，“言不务多，务审其所谓”。言谈的目标是言默得当，符合礼义要求，成为君子之言、君子之辩，所谓“言而当，知也；默而当，亦知也”“处道而不贰，吐而不夺，利而不流，贵公正而贱鄙争”“涉然而精，俛然而类，差差然而齐。彼正其名，当其辞，以务白其志义者也”“先虑之，早谋之，斯须之言而足听，文而致实，博而党正”。

以仁心说，以学心听，以公心辨。

（《荀子·正名》）

〈译文〉

凡事需要用仁爱之心说清，用好学之心聆听，用公正之心辨别。

礼恭而后可与言道之方，辞顺而后可与言道之理，色从而后可与言道之致。

（《荀子·劝学》）

〈译文〉

来请教求学的人，只有他的礼仪恭敬，才能和他谈论道的宗旨；只有他的言辞和顺，才能和他谈论道的义理；只有他的神情虔诚，才能和他谈论道的至妙精髓。

凡知说，有益于理者为之，无益于理者舍之，夫是之谓中说。

（《荀子·儒效》）

译文

一般而论，确立有益于礼的知识和学说，抛弃无益于礼的知识和学说，这就是所谓的中正的学说。

问楛①者，勿告也；告楛者，勿问也；说楛者，勿听也；有争②气者，勿与辩也。

（《荀子·劝学》）

注释

①楛(kǔ)：本指器物粗劣，此处代指不合礼法之事。

②争：意气之争。

译文

如果有人问粗鄙无礼之事，不要回答他；如果有人告诉你粗鄙无理之事，不要去问询；如果有人谈论粗鄙无礼之事，不要去听；对于争强好胜的人，不要和他争辩。

言而非仁之中也，则其言不若其默也，其辩不若其呐①也；言而仁之中也，则好言者上矣，不好言者下也。

（《荀子·非相》）

注释

①呐(nè):同“讷”,言语迟缓。

译文

如果辩论不符合仁爱之道,那么说话不如沉默不语,善辩不如笨嘴拙舌;如果辩论符合仁爱之道,那么喜好辩论的人就值得推崇,不喜好辩论的人就不值一提了。

先虑之,早谋之,斯须①之言而足听,文而致实,博而党②正,是士君子之辩者也。

(《荀子·非相》)

注释

①斯须:一小会儿,表示时间短。

②党:同“谠”,正直。

译文

提前考虑,及早谋划,简短之言也值得一听,所论文采飞扬而又言之有物,广博而又中正,这是士君子的辩论。

君子之于言也，志好之，行安之，乐言之。故君子必辩。

（《荀子·非相》）

译文

君子对于符合先王之道的正义之言，内心喜欢它，坦然实行它，乐于宣传它。所以君子对正义之言必然要辩说。

凡人莫不好言其所善，而君子为甚。

（《荀子·非相》）

译文

一般人都喜欢讨论他们认为美好的事情，君子更是如此。

处道而不贰，吐而不夺，利而不流，贵公正而贱鄙争，是士君子之辨说也。

（《荀子·正名》）

译文

遵循正道而不离不弃，大方谈吐而不抢人风头，言语顺畅而不拖泥带水，推崇公正而鄙视胡乱争执，这是士君子的辩论。

君子之言，涉然而精，俛①然而类，差差然②而齐。彼正其名，当其辞，以务白其志义者也。

（《荀子·正名》）

注释

①俛：同“俯”，贴切。

②差（cī）差然：长短不齐的样子。

译文

君子的言谈，深入而又精微，贴切而又有序，错落参差而又大旨归一。他的言论名称正确，措辞恰当，以求宣传他的志向与道义。

君子疑则不言，未问则不言，道远日益矣。

（《荀子·大略》）

译文

君子对于有疑惑的地方和陌生的问题，不轻易发表自己的看法，求道之路漫长而学识日增。

谈说之术：矜庄以莅之[1]，端诚以处之，坚强以持之，分别以喻之，譬称以明之，欣欢芬香以送之，宝之珍之，贵之神之。如是，则说常无不受。虽不说[2]人，人莫不贵。

（《荀子·非相》）

注释

①矜(jīn)庄以莅(lì)之：严肃庄重地面对。

②说(yuè)：同“悦”，使人喜悦。

译文

通过谈话劝说他人的方法是：严肃郑重地面对他，端正诚恳地与他相处，以坚定刚强的信念支持他，通过分析区别使他明白，通过比喻使他清楚，高兴和蔼地向他传达，使自己的发言显得宝贵、珍奇、神妙。如果是这样的话，劝说就会常常被他人接受。即使某些说辞令人不悦，别人也会珍视。

未可与言而言，谓之傲；可与言而不

言，谓之隐；不观气色而言，谓之瞽[1]。故君子不傲、不隐、不瞽，谨顺其身。

（《荀子·劝学》）

注释

①瞽（gǔ）：目盲，此处指缺乏辨别力，有眼如盲。

译文

与人谈话说了不可以说的话，这叫作“急躁”；可以说的话却没有说，这叫作“隐瞒”；不看对方脸色就发言，这叫作“盲目”。所以君子在言谈上要做到不急躁、不隐瞒、不盲目，谨慎修养自身。

少言则径而省，论[1]而法，若佚[2]之以绳，是士君子之知也。

（《荀子·性恶》）

注释

①论：通“伦”，条理。

②佚（zhì）：通“秩”，次序。

译文

说话不多但直接简洁，有条理、章法，就像墨线打在木料上一样严整，这就是士君子的智慧。

短绠[①]不可以汲深井之泉，知不几[②]者不可与及圣人之言。

（《荀子·荣辱》）

注释

①绠(gěng)：汲水用的普通绳子。

②知不几：认识能力达不到一定水平。

译文

不能用普通的短绳打到深井中的泉水，不能和认识能力不够的人谈论圣贤之言。

多言则文而类，终日议其所以，言之千举万变，其统类一也，是圣人之知也。

（《荀子·性恶》）

译文

说话虽多但有章法，常常谈论学说的根本依据，虽变化无穷，但以礼义为标准，前后一致，这是圣人的智慧。

凡论者，贵其有辨[1]合、有符验。故坐而言之，起而可设，张而可施行。

（《荀子·性恶》）

注释

①辨：分辨。

译文

合乎逻辑的理论的可贵之处在于它有分辨综合、实际验证。所以辩说者要坐而论道，起而构思，等准备好后再实施。

言之信者，在乎区盖[1]之间：疑则不言[2]，未问则不言。

（《荀子·大略》）

注释

①区盖：阙疑、存疑。区，通“丘”。

②言：《集解》本作“立”，据《大戴礼记·曾子立事》改。

译文

说话真实可信的人，在于他对待疑问的态度：不说存有疑惑和没有过问之事。

善言古者，必有节[①]于今；善言天者，必有征于人。

（《荀子·性恶》）

注释

①节：古代使者证明自己身份的符节。此处引申为验证。

译文

善于谈论古史的人，一定有如今的类似事例为证；善于谈论天道的人，一定有人间相应的例子做证。

传者久则论略，近则论详。略则举大，详则举小。

（《荀子·非相》）

译文

流传的事情如果距现在很久远，谈起来就简略些；如果发生在近期，谈起来就详细些。简略的话，就只能列举大概；详细的话，就可列举细节。

惟惟①而亡者，诽也；博而穷者，訾也；清之而俞浊者，口也。

（《荀子·大略》）

注释

①惟惟：通“唯唯”，假装恭敬。

译文

如果一个人假装敬人而亡命，是由于他私下诽谤别人；博学而穷困，是由于他诋毁别人；想要得到清白的名声却更加声名狼藉，是由于他搬弄是非。

赠人以言，重于金石珠玉；观人以言，美于黼黻文章①；听人以言，乐于钟鼓琴瑟。

（《荀子·非相》）

注释

①黼(fǔ)黻(fú)文章：指古代礼服上的纹饰。黼，黑白相间的“斧”形花纹。黻，青黑相间的“亞”字形花纹。文，青、赤相间的花纹。章，赤、白相间的花纹。

译文

将善言赠与他人，比赠送金石珠玉还要贵重；将善言指给他人，比请他观看礼服的彩色花纹还要华美；将善言讲给他人，比请他听钟鼓琴瑟的乐声还要快乐。

与人善言，暖于布帛；伤人之言，深于矛戟。

（《荀子·荣辱》）

译文

与人交谈多说善言，比为别人披上布帛更暖人心；恶语相加，比用矛戟刺进别人身体伤人更深。

流丸①止于瓯、臾②，流言止于知者。

（《荀子·大略》）

注释

①流丸：滚动的圆球。

②瓯、臾：皆指盛物的瓦器，此处代指低洼之处。

译文

圆球滚到低洼处就会停止，流言传播到明智者的面前就会平息。

是非疑，则度[1]之以远事，验之以近物，参之以平心，流言止焉，恶言死焉。

（《荀子·大略》）

注释

①度（duó）：揣摩。

译文

是非难定时，如果援引久远的先例判别它，通过身边的事物检验它，以公平之心探究它，那么流言、邪说就会平息、消亡。

政事篇

概述

本篇摘录荀子关于政事的主张，谈及治政境界、为政之道、君臣之道、用人之法、平治天下等。荀子认为治政的最高境界是君子贤人遵循王道治理国家、一统天下。为政之道主要有三类：王道、霸道、强道。行王道者隆礼、重法、亲仁、用贤，行霸道者重法、爱民、贵贤、富士，行强道者好士、爱民、令信、民齐。君臣之道主要指为君、为臣者的根本准则，君主要隆礼尊贤、以法治政，臣子要忠君爱民、遵法而行，二者既有等级的差异，也有道义的相约，如"从道不从君""儒者在本朝则美政，在下位则美俗"。在用人之法上，荀子提出唯才是举、选贤用能的标准，所谓"取人之道参之以礼，用人之法禁之以等""论德使能而官施之"。在平治天下、处理诸侯国关系方面，荀子认为"凡为天下之要，义为本""兼足天下之道在明分""益地不如益信"等。除此之外，荀子还提出其他精辟的治政见解，如"君者舟也，庶人者水也。水则载舟，水则覆舟""王者富民""节用以礼，裕民以政""得百姓之力者富，得百姓之死者强，得百姓之誉者荣"等，都值得留意、品味一番。

粹[1]而王，驳[2]而霸，无一焉而亡。

（《荀子·王霸》）

注释

①粹：纯粹。此指纯用儒术。

②驳：驳杂。

译文

君主治国，如果纯用儒家道术，就能称王天下；杂用各种方法，就能称霸诸侯；不用任何方法，就只能亡国。

尊圣者王，贵贤者霸，敬贤者存，慢贤者亡，古今一也。

（《荀子·君子》）

译文

君主如果尊重圣王之道，就能称王天下；推崇贤人，就能称霸诸侯；敬爱贤人，可使国家续存；怠慢贤人，就会亡国。从古至今，都是如此。

与积礼义之君子为之则王，与端诚信全之士为之则霸，与权谋倾覆之人为之则亡。

（《荀子·王霸》）

〈译文〉

君主如果与积累礼义的君子一起治政，就能称王天下；与忠直守信、追求完美的士人一起治政，就能称霸诸侯；与专事权谋倾轧的人一起治政，就会亡国。

义胜利者为治世，利克义者为乱世。

（《荀子·大略》）

〈译文〉

如果正义的力量胜过私利的作用，就是治理得较好的时期；如果私利的作用胜过正义的力量，就是治理得不好的时期。

用国者，义立而王，信立而霸，权谋立而亡。

（《荀子·王霸》）

译文

对于治理国家，如果统治者确立了道义的原则，就能称王天下；如果确立了信用的原则，就能称霸诸侯；如果确立的是权术谋略，就会亡国。

诸侯自为得师者王，得友者霸，得疑[1]者存，自为谋而莫己若者亡。

（《荀子·尧问》）

注释

①疑：古官名，专门负责解答君主的疑问。

译文

诸侯如果自己寻找到明白礼义之道的老师辅佐，就会称王天下；得到众多朋友的支持，就会称霸天下；得到解答疑难的专人的帮助，就会保全国家；自作主张，自以为是，就会亡国。

用圣臣者王，用功臣者强，用篡臣者危，用态臣[1]者亡。

（《荀子·臣道》）

注释

①忞臣：奸佞之臣。忞，通“慝(tè)”。

译文

为政者若任用圣贤之臣，就能称王天下；若任用有功之臣，就能强国富民；若任用篡逆之臣，就会身陷险境；若任用奸佞之臣，就可能亡家亡国。

好士者强，不好士者弱。爱民者强，不爱民者弱。政令信者强，政令不信者弱。民齐者强，民不齐者弱。

（《荀子·议兵》）

译文

君主尊贤敬士，国家就强盛；排斥贤士，国家就衰弱。君主爱惜民力，国家就强盛；浪费民力，国家就衰弱。政策法令讲究信用，国家就强盛；政策法令失信于民，国家就衰弱。民心齐，国家就强盛；民心不齐，国家就衰弱。

王者富民，霸者富士，仅存之国富大夫，亡国富筐箧[①]、实府库。

（《荀子·王制》）

〈注释〉

①箧(qiè):小箱子。

〈译文〉

称王天下的君主会使民众富裕,称霸诸侯的君主会使贤士富裕,只能存国的君主会使大夫富裕,亡国之君会使自己富裕、充实。

善日者王,善时者霸,补漏者危,大荒①者亡。

(《荀子·强国》)

〈注释〉

①大荒:过分荒废。

〈译文〉

君主治政如果珍惜和善用每天的时光,就能称王天下;如果珍惜和善用每季的时光,就能称霸诸侯;如果等到错漏出现才去补救,就会面临危险;如果过分荒废时光,就会亡国。

道德之威成乎安强，暴察之威成乎危弱，狂妄之威成乎灭亡也。

（《荀子·强国》）

译文

为政者因道德高尚而立威，国家终将安定强盛；因残暴严酷而立威，国家终将危险衰弱；因狂妄自大而立威，国家终将走向灭亡。

国危则无乐君，国安则无忧民。乱则国危，治则国安。

（《荀子·王霸》）

译文

国家处境危险，就没有安乐的君主；国家安定，就没有忧愁的民众。政事杂乱无章，国家就会面临危险；政事循礼而治，国家就会安定。

儒者在本朝则美政，在下位则美俗。

（《荀子·儒效》）

译文

儒者在朝为官，则使当朝政治和美；在下为民，则使当地风俗和美。

儒术诚行，则天下大[①]而富，使而功，撞钟击鼓而和。

（《荀子·富国》）

注释

①大：通“泰”，平安。

译文

如果儒家道术能够得到真正的实行，那么就会使天下太平而且富足，民众得到有效的治理，雅乐兴盛而人心和谐。

佚[①]而治，约而详，不烦而功，治之至也。

（《荀子·强国》）

注释

①佚：通“逸”，轻松、安逸。

译文

自身安逸但国家治理得井井有条，政令简要但能得到详尽的执行，政务不多但卓有功效，这是治政的最高境界。

执一无失，行微无怠，忠信无倦，而天下自来。

（《荀子·尧问》）

〈译文〉

君主如果始终如一地遵循礼义之道，不遗漏任何细节，坚持不懈地力行忠信之德，那么他自然会称王天下。

为善者劝，为不善者沮，刑罚綦省而威行如流，政令致[①]明而化易[②]如神。

（《荀子·君子》）

〈注释〉

①致：同"至"，极。

②易：通"施"，施行。

〈译文〉

为政者要鼓励行善的人，打击行恶的人，最终使刑罚极少但法令的威力如流水一样扩散，政令极其明确但教化的施行像神明一般灵验。

使民夏不宛暍[①]，冬不冻寒，急不伤力，缓不后时，事成功立，上下俱富。

（《荀子·富国》）

注释

①宛暍(yē)：闷热中暑。宛，通“蕴”，闷热、暑气。暍，中暑。

译文

为政者役使民众，要做到夏天不让他们中暑，冬天不让他们挨冻，紧急征调不伤害民力，平常征调不耽误农时。这样才能办成各种事情，立下功勋，使君主和臣民生活都富足。

朝无幸位[①]，民无幸生[②]。

（《荀子·王制》）

注释

①幸位：无德而有禄。

②幸生：不劳而有获。

译文

朝廷没有尸位素餐之人，民间没有不劳而获之人。

道存则国存，道亡则国亡。

(《荀子·君道》)

译文

礼义之道存在，国家就能安存；礼义之道丧失，国家就要灭亡。

道者，非天之道，非地之道，人之所以道也，君子之所道也。

(《荀子·儒效》)

译文

礼义之道不是上天之道，不是大地之道，而是人类言行依据之道，是君子提倡之道。

论德使能而官施之者，圣王之道也，儒之所谨守也。

(《荀子·王霸》)

译文

评论、使用有德的人才并委以重任，这是圣明君王的治国之道，是儒家小心遵守之道。

王者之论，无德不贵，无能不官①，无功不赏，无罪不罚。

（《荀子·王制》）

注释

①官：任用。

译文

以王道治国，不尊崇没有德行的人，不任用没有才能的人，不奖赏没有功劳的人，不惩罚没有罪过的人。

先王之道，仁之隆①也，比②中而行之。曷谓中？曰：礼义是也。

（《荀子·儒效》）

注释

①仁之隆：推崇仁德、仁道。

② 比：依据、按照。

译文

古代圣贤治政的根本原则就是推崇仁德，依中而行。

什么叫作“中”呢？答：礼义。

礼及身而行修，义及国而政明，能以礼挟[①]而贵名白，天下愿，令行禁止，王者之事毕矣。

（《荀子·致士》）

注释

①挟：通“浃”，周遍。

译文

君主如果能以礼修身，品行就会美好；如果能以义治国，政治就会清明；如果能将礼义推广、普及，那么高贵的名声显明，天下人人仰慕，号令畅行无阻，禁令到处即止，如此就可以完成称王天下的事业了。

尚贤使能，等贵贱，分亲疏，序长幼，此先王之道也。

（《荀子·君子》）

译文

崇尚、重用贤能士人，区别高贵与卑贱，分辨亲近与疏远，按照年龄长幼来排列次序，这就是古代圣王的治世之道。

尚贤使能，则主尊下安；贵贱有等，则令行而不流[1]；亲疏有分，则施行而不悖；长幼有序，则事业捷[2]成而有所休。

（《荀子·君子》）

注释

①流：通“留”，停滞。
②捷：通“接”，接续。

译文

崇尚、任用贤能，就会使君主尊贵而臣民安定；高贵与卑贱有别，就会使政令畅行无阻；亲近和疏远有分，就会使恩惠得到合情合理的分配；长幼依序而列，就会使各种事业轻松、迅速地完成。

不亲贤用知而身死国亡也。

（《荀子·尧问》）

译文

为政者如果不亲近贤能、任用智者，最终会亡命亡国。

谪[①]德而定次，量能而授官，使贤不肖皆得其位，能不能皆得其官，万物得其宜，事变得其应。

（《荀子·儒效》）

注释

①谪：同“商”，计量、估量。

译文

为政者应该估量德行以确定等次，衡量才能以授予官职，使贤或不贤之人都有适合的职位，有才与无才的人都得到合适的职务，各种事物均得到适宜的处置，突发事件都得到妥当的应对。

贤能不待次[①]而举，罢[②]不能不待顷而废，元恶不待教而诛，中庸民[③]不待政而化。

（《荀子·王制》）

注释

①次：等次。

②罢(pí):通“疲”,疲软无能者。

③中庸民:平凡的人。

译文

对于德才兼备的贤士,为政者应不依等次,破格提拔;对于无德无才的人,应立刻罢免;对于罪大恶极的元凶,应马上处死;对于平凡的人,应以教化为先。

外不避仇,内不阿亲,贤者予。

(《荀子·成相》)

译文

在推荐、任用人才方面,对外不避讳仇人,对内不偏爱亲人,只要是贤能的人就会委以重任。

选贤良,举笃敬,兴孝悌,收孤寡,补贫穷。如是,则庶人安政矣。庶人安政,然后君子安位。

(《荀子·王制》)

译文

为政者如果选用有德有才的人,提拔诚实恭敬的人,提倡孝敬父母、尊爱兄长，抚养孤儿、寡妇，救济贫穷无助的人，那么百姓就会安然对待政治。百姓安然其政，君子才能安居其位。

临事接民①而以义变应，宽裕而多容，恭敬以先之，政之始也；然后中和察断以辅之，政之隆②也；然后进退诛赏之③，政之终也。

（《荀子·致士》）

注释

①临事接民：理政治民。

②隆：中。

③然后进退诛赏之：然后提升、降职、诛罚、奖赏他们。

译文

理政治民，要根据礼义来变通应对。宽厚待人，有容乃大，以恭敬之心引导士民，这是政治的最初阶段；然后辅以中正和谐的方法观察、决断各种事务，这是政治的中间阶段；此后依照礼义法度来提拔或黜退、惩罚或奖赏士民，这是政治的最后阶段。

无土则人不安居，无人则土不守，无道法[1]则人不至，无君子则道不举。

（《荀子·致士》）

注释

①道法：礼义法度。

译文

没有土地，民众就不能安居；没有民众，土地就无法守住；没有礼义法度，民众就不会来归附；没有君子，礼义之道就不能得到推行。

王者先仁而后礼。

（《荀子·大略》）

译文

称王天下，需要先有仁心，然后饰以礼义。

仁人之用国，将修志意，正身行，伉隆高[1]，致忠信，期文理。

（《荀子·富国》）

注释

①伉隆高：推崇礼义。伉，通“亢”，高亢，引申为推崇。隆高，代指礼义。

译文

有仁德的人治国，将完善自己的志向，端正自己的品行，推崇礼义法度，做到忠诚有信，以使礼制井井有条。

仁人之用国，非特将持其有而已也，又将兼人。

（《荀子·富国》）

译文

有仁德的人治国，不仅为了保住自己国家现有的利益，还要兼顾他国的利益。

行一不义、杀一无罪而得天下，仁者不为也。

（《荀子·王霸》）

译文

即使以做一件不义之事、杀一个无罪之人为代价就可取得天下，有仁德的人也不会去做。

不利而利之，不如利而后利之之利也。不爱而用之，不如爱而后用之之功[①]也。利而后利之，不如利而不利者之利也。爱而后用之，不如爱而不用者之功也。

（《荀子·富国》）

注释

①功：有成效。

译文

不为民众谋利而总想获利，不如先做有利于民众的事而后再利用他们更能获利。不爱护民众而总想使用他们，不如先爱护民众而后再使用他们更有成效。先为民众谋利再利用他们获利，不如为民众谋利但不利用他们更能获利。先爱护民众再使用他们，不如爱护民众但不使用他们更有成效。

利而不利也，爱而不用也者，取天下

矣。利而后利之，爱而后用之者，保社稷矣。不利而利之，不爱而用之者，危国家也。

（《荀子·富国》）

译文

如果为民谋利但不利用他们，爱民但不使用他们，就可以取得天下。如果为民谋利然后利用他们，先爱护民众而后使用他们，可以保持国家平安。如果不为民谋利而总想从他们身上获利，不爱护民众而总想如何使用他们，则国家会面临危险。

善择者制人，不善择者人制之。善择之者王，不善择之者亡。

（《荀子·王制》）

译文

为政者如果善于选择以礼义处事，就能制服他人；不善于选择以礼义处事，就会受制于人。善于这样选择的人能称王天下；不善于这样选择的人会亡家亡国。

足[①]国之道：节用裕民[②]而善臧[③]其余。节用以礼，裕民以政。

（《荀子·富国》）

注释

①足：富足。

②裕民：使民众宽饶富裕。

③臧：同“藏”，储藏。

译文

使国家富足的方针在于：节约用度，率民致富，并妥善收藏多余的财物。依据礼制节约用度，依靠良政率民致富。

程[①]以立数，礼以定伦，德以叙位，能以授官。

（《荀子·致士》）

注释

①程：度量衡的总称。

译文

根据度量衡确定物品重量，根据礼制确定人伦等级，根据德行排列地位，根据能力授予官职。

国无礼则不正。礼之所以正国也，譬之犹衡之于轻重也，犹绳墨之于曲直也，犹规矩之于方圆也，既错[①]之而人莫之能诬也。

（《荀子·王霸》）

注释

①错：通“措”，安排、运行。

译文

没有礼制，国家就无正义可言，就不能正常运行。礼制是正确治国的根本标准和依据，就好像秤是衡量轻重的标准，墨线是划定曲直的标准，曲尺、圆规是确定方、圆的标准一样，如果国家已经按照礼义运行，人们就无法做欺骗他人的事情了。

治乱在于心之所可，亡于情之所欲。不求之其所在，而求之其所亡，虽曰我得之，失之矣。

（《荀子·正名》）

〈译文〉

国家安定还是动乱，取决于内心所认可的治国之道是否合乎礼义，而不在于人们想要得到什么。不从根源上探求治国之道，却从无关之处追寻，即使自称找到了治国之道，实际上早就失去了。

圣人化性而起伪，伪起于性而生礼义，礼义生而制法度。然则礼义法度者，是圣人之所生也。

（《荀子·性恶》）

〈译文〉

圣人为化解人的恶性，开始缘饰人性，礼义由此而生，在此基础上又制定法律制度。那么礼义法度都是由圣人创造、制定的。

听[①]政之大分：以善至者待之以礼，以不善至者待之以刑。

（《荀子·王制》）

〈注释〉

①听：治理。

〈译文〉

治理政事的要领:以礼招待那些心怀善意而来的人,以刑罚对待那些心怀恶意而来的人。

国将兴,必贵师而重傅;贵师而重傅,则法度存。

(《荀子·大略》)

〈译文〉

国家将要兴盛,必定敬重师傅;敬重师傅,那么法律制度就能得以保存。

有法者以法行,无法者以类举。以其本知其末,以其左知其右,凡百事异理而相守也。

(《荀子·大略》)

〈译文〉

为政者如果有确切的法律规定,就要依法而行;如果没有的话,就遵循类似条例办理。根据原则可推知细节,根据左侧可推知右侧,各种事情体现的道理虽有差异,但可互相参照、相守为用。

赏不欲僭[①],刑不欲滥。

(《荀子·致士》)

注释

①僭(jiàn):过分。

译文

奖赏不要过分,刑罚不要滥用。

主道知人,臣道知事。

(《荀子·大略》)

译文

君主最根本的工作是掌握人才资源,大臣最根本的工作是精通具体政事。

明主好要,而暗主好详。主好要则百事详,主好详则百事荒。

(《荀子·王霸》)

〈译文〉

英明的君主喜欢择要而为，而愚昧的君主喜欢周详管理。君主喜欢择要而为，那么各种事情就能办得详细；君主喜欢周详管理，那么各种事情就可能荒废。

人君者，隆礼尊贤而王，重法爱民而霸，好利多诈而危，权谋倾覆幽险而亡。

（《荀子·强国》）

〈译文〉

作为君主，如果推崇礼义，尊重贤能，就能称王天下；如果重视法治，爱护民众，就能称霸诸侯；如果贪图财利，多事欺诈，就会身处险境；如果玩弄权谋，朋党倾轧，阴险邪恶，就会亡命亡国。

为人上者，必将慎礼义，务忠信，然后可。此君人者之大本也。

（《荀子·强国》）

〈译文〉

君主一定要慎重对待礼义，追求诚信，然后才可当好君主。这是君主的根本。

威有三：有道德之威者，有暴察之威者，有狂妄之威者。

（《荀子·强国》）

〈译文〉

君主治国的威望有三类：因道德高尚而树立的威望，因残暴严酷而形成的威望，因狂妄自大而确立的威望。

人主者以官人为能者也，匹夫者以自能为能者也。

（《荀子·王霸》）

〈译文〉

君主以能够利用各种人才治国为有才能的标准，普通百姓以自己能干好某些事情为有才能的标准。

上者，下之本也。上宣明，则下治辨[①]矣；上端诚，则下愿悫矣；上公正，则下易直矣。

（《荀子·正论》）

〈注释〉

①治辨:治理。辨,通“办”,即治理。

〈译文〉

君主,是臣民的根本。君主公开明朗,臣民就易治理;君主端正诚实,臣民就忠厚不欺;君主公正无私,臣民就坦荡正直。

君者,仪①也,仪正而景②正。

(《荀子·君道》)

〈注释〉

①仪:古代测日影、定时刻的表柱,即日晷。

②景:通“影”。

〈译文〉

君主,就像测日影、定时刻的表柱,只有表柱立正,影子才会正。

君者,槃也,槃圆而水圆。君者,盂也,盂方而水方。

(《荀子·君道》)

〈译文〉

君主对臣民的影响，就像圆盘对盘里圆形水的限制，方盂对盂里方形水的限制一样。

君者，民之原[①]也，原清则流清，原浊则流浊。

（《荀子·君道》）

〈注释〉

①原：通“源”，指源头。

〈译文〉

君主就像民众的源头，如果源头清澈，那么下游的流水就清澈；如果源头浑浊，那么下游的流水就浑浊。

君人者，爱民而安，好士而荣，两者无一焉而亡。

（《荀子·君道》）

〈译文〉

君主爱恤民众就会四境安定，喜欢贤士就会得到荣耀，两者都没有就会亡国。

用国者，得百姓之力者富，得百姓之死者强，得百姓之誉者荣。

（《荀子·王霸》）

〈译文〉

管理国家的人得到百姓努力劳动，国家就富足；得到百姓冒死作战，国家就强盛；得到百姓真心赞誉，国家就光荣。

民易一以道①而不可与共故。

（《荀子·正名》）

〈注释〉

①易一以道：容易用正道齐一。

〈译文〉

民众容易通过礼义之道来统一，但不可以与他们共享其中的缘由。

天之生民，非为君也；天之立君，以为民也。

（《荀子·大略》）

译文

上天生育民众，并非为了君主；上天设立君主，却是为了民众。

不富无以养民情，不教无以理民性。

（《荀子·大略》）

译文

不使民众富裕，就无法培养民众的情操；不通过礼义教育民众，就无法理顺民众的心性。

人主不可以独也。卿相辅佐，人主之基杖①也，不可不早具也。

（《荀子·君道》）

注释

①基杖：即几杖，指供人依靠的小桌子、助人走路的手杖，此处代指依靠。基，通“几”。

〈译文〉

君主不能独自治国。卿相辅佐,是君主治政的依靠,不能不及早配备好。

谏、争①、辅、拂②之人,社稷之臣也、国君之宝也,明君之所尊所厚也,而暗主惑君以为己贼也。

(《荀子·臣道》)

〈注释〉

①争(zhèng):同"诤",直言力谏。

②拂(bì):通"弼",辅助。

〈译文〉

劝谏、力诤、帮助、辅佐的人,是国家的重臣、国君的珍宝、英明君主尊宠优待的对象,而愚昧、糊涂的国君将之视为自己的仇敌。

口能言之,身能行之,国宝也;口不能言,身能行之,国器也;口能言之,身不能行，国用也；口言善，身行恶，国妖也。治国者敬其宝，爱其器，任其用，除其妖。

（《荀子·大略》）

译文

一个人如果口谈礼义，身体力行，可做治国的宝贵人才；如果不谈礼义，但能身体力行，可做治国的大器；如果只是空谈礼义，而不能身体力行，只可做宣传国家政策的工具；如果嘴上好话说尽，私下坏事做绝，就是治国的妖孽。治理国家的人应该珍视宝贵人才，爱护大器之才，善任工具之才，铲除妖孽。

既知且仁，是人主之宝也，而王霸之佐也。

（《荀子·君道》）

译文

既有智慧又有仁德的人，是君主的珍贵宝贝、称王称霸者的得力助手。

事乱君而通，不如事穷君而顺焉。

（《荀子·修身》）

译文

与其侍奉暴乱之君而显达一时，不如侍奉困穷之君以顺乎道义。

械数者，治之流也，非治之原也；君子者，治之原也。

（《荀子·君道》）

译文

器械与法数是治政的末流而非根源，懂礼义的君子才是治政的根源。

法者，治之端也；君子者，法之原也。

（《荀子·君道》）

译文

法制是治国的开端，君子是法制的根源。

官人守数，君子养原。原清则流清，原浊则流浊。

（《荀子·君道》）

译文

官吏遵守法律,君子涵养根源(即礼义)。如果源头清澈,下游的流水就清澈;如果源头浑浊,下游的流水也会浑浊。

礼义备而君子归之。

(《荀子·致士》)

译文

如果一国礼义齐备,有德君子自然就会归附。

聪明君子者,善服人者也。

(《荀子·王霸》)

译文

耳聪目明的君子,善于以德服人。

伯乐不可欺以马,而君子不可欺以人。

(《荀子·君道》)

译文

伯乐不可能被劣马欺骗，君子不可能被坏人欺骗。

衡听、显幽、重明、退奸、进良之术[①]：朋党比周之誉，君子不听；残贼加累之谮[②]，君子不用；隐忌雍[③]蔽之人，君子不近；货财禽犊之请[④]，君子不许。

（《荀子·致士》）

注释

①衡听、显幽、重明、退奸、进良之术：广泛收听、明察隐微、明辨是非、罢免奸邪、举用贤良的办法。衡，通“横”，广泛。

②谮（zèn）：诬陷。

③雍：通“壅”，堵塞。

④货财禽犊之请：用财物进行贿赂的请求。禽犊，代指送人的礼物。

译文

广泛收听、明察隐微、明辨是非、罢免奸邪、举用贤良的办法是：勾结宗派、阿谀奉承的话，君子不听信；残害贤能、罗织罪名的诬陷，君子不采纳；隐藏猜忌、堵塞贤才上进之路的人，君子不亲近；通过贿赂财物提出的请求，君子不允许。

凡流言、流说、流事、流谋、流誉、流愬①，不官而衡至者②，君子慎之，闻听而明誉③之，定其当而当④，然后士⑤其刑赏而还⑥与之。

（《荀子·致士》）

注释

①愬(sù)：同“诉”，诉说。

②不官而衡至者：通过不正当途径突然而来的小道消息。官，正当的途径。衡，通“横”。

③明誉：明举。誉，通“举”，列举。

④当而当：为“当不当”之误。

⑤士：通“伺”，察。

⑥还(xuán)：通“旋”，立即。

译文

凡是没有来由的流言、学说、事情、谋划、赞誉、诉说，通过不正当途径突然而来的小道消息，君子都慎重对待，听到了就公布于众，确定它们是否恰当，然后考察决定惩罚或奖赏，并立即实施。

有良法而乱者，有之矣；有君子而乱者，自古及今，未尝闻也。

（《荀子·王制》）

〈译文〉

有好的法制但国家仍然混乱，历史上有这样的例子；有德才兼备的君子但国家仍然混乱，从古至今还没听说过。

上则能尊君，下则能爱民，物至而应，事起而辨①，若是则可谓通士矣。

（《荀子·不苟》）

〈注释〉

①辨：治理。

〈译文〉

一个人如果对上尊敬君王，对下爱恤民众，外物至可从容应对，事情来可有效治理，就可称作“通士”了。

古之所谓士仕①者，厚敦②者也，合群

者也，乐富贵[3]者也，乐分施者也，远罪过者也，务事理者也，羞独富者也。

（《荀子·非十二子》）

注释

①士仕：当作“仕士”，指入仕为官的士人。

②厚敦：忠厚老实。

③乐富贵：使富贵者安乐。

译文

古代所谓入仕为官者，是指那些忠厚老实、凝聚民心、取悦富贵、施舍贫穷、远离罪过、明白事理和羞于自己单独致富的人。

有乱君，无乱国；有治人，无治法。

（《荀子·君道》）

译文

有昏乱的君主，但没有自动混乱的国家；有治世的人才，但没有自动治世的法制。

法不能独立，类不能自行，得其人则

存，失其人则亡。

（《荀子·君道》）

〈译文〉

法制不可能单独确立，律令不可能自动运行，得到了善于治国的贤人，法制、律令方可存在；失去了贤人，法制、律令也随之消亡。

君人者，劳于索之，而休[①]于使之。

（《荀子·王霸》）

〈注释〉

①休：当作"佚"，通"逸"，安逸。

〈译文〉

君主在寻找治国贤才时非常辛苦，但在以后使用贤才治国时会轻松许多。

其取人有道，其用人有法。取人之道，参[①]之以礼；用人之法，禁之以等。

（《荀子·君道》）

注释

①参:参照、检验。

译文

选取人才有一定的原则,任用人才有一定的方法。选取人才的原则是依照礼制去考察他们,任用人才的方法是用等级差别去限制他们。

校之以礼,而观其能安敬也;与之举错迁移,而观其能应变也;与之安燕[1],而观其能无流慆[2]也;接之以声色、权利、忿怒、患险,而观其能无离守也。

(《荀子·君道》)

注释

①安燕:安闲。燕,通"宴"。

②流慆(tāo):放荡享乐。

译文

用礼制来考察人才,看他能否安定恭敬;通过升迁、调动他的职位,看他能否应对各种变化;让他处在安逸的环境中,看他能否不恣意妄为、纵情享乐;让他接触音乐、美色、权势、财利、愤恨、怨怒、祸患、艰险，看他能否不背离操守。

材悫者常安利，荡悍者常危害；安利者常乐易，危害者常忧险；乐易者常寿长，忧险者常夭折，是安危利害之常体①也。

（《荀子·荣辱》）

注释

①常体：一般情况。

译文

既有才又诚实的人常常安人利人，放荡凶悍的人常常危害他人；安人利人的人常常快乐舒坦，危害他人的人常常忧愁险恶；快乐舒坦的人常常年高寿长，忧愁险恶的人常常短命而终。这是安危利害的一般情况。

相形不如论心，论心不如择术。形不胜心，心不胜术。

（《荀子·非相》）

译文

观察一个人的相貌，不如考察他的志向；考察他的志向，不如选择鉴别他安身立命的道术。相貌不如志向重要，志向不如道术重要。

事[1]不揣长，不揳[2]大，不权轻重，亦将志乎心尔。

（《荀子 · 非相》）

注释

①事：通“士”。

②揳：同“絜”，衡量、约计。

译文

对于贤士，不能仅仅估量他的高矮、大小、轻重，也需考察他的志向所在。

虽王公士大夫之子孙也，不能属于礼义，则归之庶人；虽庶人之子孙也，积文学，正身行，能属于礼义，则归之卿相士大夫。

（《荀子 · 王制》）

译文

即使是王公士大夫的子孙，如果不能遵从礼义，也只能归入平民之列；即使是平民的子孙，如果能积累古代文献知识，端正身心德行，遵从礼义，也可归入卿相士大夫之列。

无分者，人之大害也；有分者，天下之本利①也。

（《荀子·富国》）

注释

①本利：根本利益。

译文

没有礼义等级名分，是人类社会的大害；有了礼义名分，则是天下苍生的大利。

凡为天下之要①，义为本，而信次之。

（《荀子·强国》）

注释

①要：关键。

〈译文〉

治理天下的关键是，以道义为根本，其次是诚信。

兼足天下之道在明分①。

(《荀子·富国》)

〈注释〉

①明分：明确等级职分。

〈译文〉

使天下普遍富足的方法在于明确等级名分。

知强大者不务强也，虑以王命，全其力，凝其德。力全则诸侯不能弱也，德凝则诸侯不能削也。

(《荀子·王制》)

〈译文〉

知道如何使自己国家强大的人不会刻意逞强，而是会考虑如何通过天子的命令来保全自己的实力，积聚德行威望。如果一国实力得以保全，德行威望得以凝聚，那么其他诸侯国就不能削弱它。

以德兼人者王，以力兼人者弱，以富兼人者贫，古今一也。

（《荀子·议兵》）

译文

君主依靠德行兼并他国可成就王霸之业，依靠强力兼并会变得衰弱，依靠财富兼并会变得贫穷，这些都是古今不变的道理。

兼并易能也，唯坚凝[①]之难焉。

（《荀子·议兵》）

注释

①凝：凝聚、稳定。

译文

开疆扩土是一件容易的事情，只是稳定江山、凝聚人心是一件难事啊。

凝士以礼，凝民以政，礼修而士服，政平而民安。士服民安，夫是之谓大凝。

（《荀子·议兵》）

译文

凝聚兼并地士人之心要依靠礼制，凝聚兼并地民众之心要依靠政治。礼制安排好了，士人就会顺服；政治太平了，民众就会安定。士人顺服、民众安定，这可称作凝聚兼并地人心的最大成果。

是为是，非为非，能为能，不能为不能，并[①]己之私欲，必以道夫公道通义之可以相兼容者，是胜人之道也。

（《荀子·强国》）

注释

①并(bǐng)：通“摒”，抛弃。

译文

一国君主应该鉴别是非，辨别人才，抛弃私欲；务必遵行公正通达的道义，使各种事物能够互不妨碍地共同存在。这是他能够胜出他国君主的根本原因。

王夺之人[①]，霸夺之与，强夺之地。

（《荀子·王制》）

译文

①之人：他国的民心。

译文

想称王天下的君主和他国君主争夺民心，想称霸的君主和他国君主争夺盟友，想逞强的君主和他国君主争夺土地。

凡得胜者，必与人也；凡得人者，必与道也。

（《荀子·强国》）

译文

在诸国争霸中，凡是获胜的国家，一定是君主遵从了人心所向；凡是得到民众拥护的国家，一定是君主遵从了礼义之道。

益地不如益信之务①也。

（《荀子·强国》）

注释

①务：当务之急。

译文

扩张国家领土不如提升国家在诸侯国中的信誉更要紧。

人性篇

概述

本篇摘录荀子关于人性的论述，包括性恶论、化性论、性情论、欲望论、人道论。性恶论指荀子人性本恶的主张，他认为人性中与生俱来地含有恶念，缺乏善意，善良是人类后天努力改良（"伪"）的结果，所谓"人之性恶，其善者伪也""凡人之欲为善者，为性恶也"。化性论就是化性起伪，指圣王制定礼义法度，培养"化师法，积文学，道礼义"的君子，引导民众遵行礼义，从而消释、化解恶性，使人人向善。在性情论、欲望论方面，荀子提出人性始朴、人情甚不美、人生固两情、欲可节不可去、欲可近尽不可尽等观点，补充、完善了他的性恶论。在人道论方面，荀子弘扬礼义，认为人能成为人是因为礼，人最为天下贵是因为义，礼义是人道的核心内容。荀子的这些主张都有一个共同的指向：圣贤君子制定、施行礼义法度，化性起伪，消解人类的恶性，引导民心向善，歌颂人类礼乐制度，弘扬人类主观能动性，洋溢着一种可贵的乐观精神。

人之性恶，其善者伪[1]也。

（《荀子 · 性恶》）

注释

①伪：通“为”，人为。

译文

人的本性邪恶，善行都是人为改造的结果。

凡人之欲为善者，为性恶也。夫薄愿厚，恶愿美，狭愿广，贫愿富，贱愿贵，苟无之中者，必求于外。

（《荀子 · 性恶》）

译文

一般人想行善，是因为本性险恶，缺乏善心。犹如衣服单薄者希望厚暖，面容丑恶者希望美丽，住所狭小者希望住所宽大，贫穷者希望富裕，卑贱者希望高贵，自己没有的东西，必然会向外界索求。

不可学，不可事而在人者，谓之性；可学而能，可事而成之在人者，谓之伪。是性伪之分也。

（《荀子·性恶》）

〈译文〉

人自身不可能通过学习和后天努力做到的叫作“天性”，人自身可以通过学习和后天努力做到的叫作“人为”。这就是天性和人为的区别。

性者，本始材朴也；伪者，文理隆盛也。无性则伪之无所加，无伪则性不能自美。性伪合，然后圣人之名一，天下之功于是就也。

（《荀子·礼论》）

〈译文〉

天性就像未加工的原始木材，人为就是举行隆重盛大的礼仪。没有天性，那么人为的礼仪就无处施加；没有人为礼仪的修饰，天性不能自我美化。把天性和人为修饰相结合，然后才会成就圣人的名声、天下的功业。

性者，天之就也；情者，性之质也；欲者，情之应也。以所欲为可得而求之，情之所必不免也。以为可而道之，知[①]所必出也。

（《荀子·正名》）

注释

①知：通“智”。

译文

人的本性是天然造就的，情感是潜藏于本性之内的，欲望是情感对外在刺激的响应。追求想要而可能得到的东西，是人情不可避免的。谈论认为可能实现的事情，是智慧的必然来源。

凡性者，天之就也，不可学，不可事。礼义者，圣人之所生也，人之所学而能，所事而成者也。

（《荀子·性恶》）

译文

凡是人的本性，都是天生而成，不是通过学习或人为努力就可以形成的。礼义是圣人创造的，人们通过学习、努力可以掌握。

凡所贵尧、禹君子者，能化性，能起伪，伪起而生礼义。然则圣人之于礼义积伪也，亦犹陶埏[①]而为之也。

(《荀子·性恶》)

注释

①埏(shān)：用水和(huó)土制作陶器。

译文

人们推崇尧、禹这样的君子，是因为他们能化解人的邪恶本性，能人为地创立某些规范，礼义由此诞生。圣人通过积累人为的规范而形成礼义，也好像工人通过搅拌、加工黏土而生产出陶器一样。

圣人积思虑，习伪故，以生礼义而起法度。然则礼义法度者，是生于圣人之伪，非故生于人之性也。

(《荀子·性恶》)

〈译文〉

圣人长期考虑，熟悉人为规范的内在原因，从而创立、制定礼义法度。所以，礼义法度是圣人创立、人为而成，不是源于人的本性。

今人之性恶，必将待圣王之治，礼义之化，然后皆出于治，合于善也。

（《荀子·性恶》）

〈译文〉

如今人性邪恶，必然要等待未来圣王来治理，通过积累礼义德行来化易，然后天下大治，人心向善。

今人之化师法，积文学，道礼义者为君子；纵性情，安恣睢，而违礼义者为小人。

（《荀子·性恶》）

〈译文〉

如今一个人如果被师法感化，积累文化知识、遵循礼义，他就是君子；如果任性纵情、安于放肆而违反礼义，他就是小人。

欲虽不可尽，可以近尽也；欲虽不可去，求可节也。所欲虽不可尽，求者犹近尽；欲虽不可去，所求不得，虑者欲节求也。

（《荀子·性恶》）

〈译文〉

人虽不可能完全满足自己的欲望，但可以尽量满足；虽不可能去除自己的欲望，但可以节制对欲望的追求。人虽不可能穷尽想要得到的事物，但追求的人仍然尽量靠近这个目标；欲望虽然不可能去除，但追求的东西不能得到，用心思考的人会节制自己的欲求。

两情者，人生①固有端②焉。

（《荀子·礼论》）

〈注释〉

①生：通“性”。

②端：开端、萌芽。

〈译文〉

人性中本来就有两种不同情感（忧与乐）的萌芽。

人情甚不美。

（《荀子·性恶》）

译文

人情非常地不美善。

凡以知，人之性也；可以知，物之理也。以可以知人之性，求可以知物之理，而无所疑止[1]之，则没世穷年不能遍也。

（《荀子·解蔽》）

注释

① 疑止：休止。疑，通“凝”，固定。

译文

一般而论，能认知事物，是人固有的本性；事物可被认知，是事物内在的常理。凭借可认知万物的本性，探求可被认知之物的常理，如果对此无休无止，那么耗尽一辈子的时间也不能认识完所有事物。

人之所以为人者，非特以二足而无毛也，以其有辨[1]也。夫禽兽有父子而无父子之亲，有牝牡[2]而无男女之别。故人道莫不有辨。

（《荀子·非相》）

注释

①辨：辨别、区分。

②牝（pìn）牡（mǔ）：指禽兽的雌、雄。

译文

人之所以为人，并非只是因为他们有两脚而没有毛，而主要是因为他们有以礼辨别各种事物的本领。禽兽虽有父子关系，但无父子亲情；虽有雌雄之分，但无男女之禁。所以人道处处有辨别事物的礼。

水火有气[1]而无生，草木有生而无知，禽兽有知而无义，人有气、有生、有知，亦且[2]有义，故最为天下贵也。

（《荀子·王制》）

注释

①气：中国古代哲学思想中的重要范畴，代指宇宙万物生成

和运作的因素。

②亦且:而且。

译文

水火有气但没有鲜活的生命,草木有生命但没有知觉,禽兽有知觉但没有道义,人有气、有生命、有知觉,而且有道义,所以是天下最尊贵的。

礼乐篇

概述

本篇摘录荀子关于礼乐方面的主张，涉及礼和乐的本质、内容、功用。在荀子看来，礼的本质是人之为人的根本准则，修身、行事、治国之道，所谓“礼者，人之所履也”“礼者，人道之极也”“人无礼则不生，事无礼则不成，国家无礼则不宁”。礼的内容包括天地万物、个人与社会。“上事天，下事地，尊先祖而隆君师，是礼之三本也”；“礼者，谨于治生死者也。生，人之始也；死，人之终也。终始俱善，人道毕矣”；“凡礼，事生，饰欢也；送死，饰哀也；祭祀，饰敬也；师旅，饰威也”。礼的功用是建立一种等差有别的社会秩序，所谓“礼也者，贵者敬焉，老者孝焉，长者弟焉，幼者慈焉，贱者惠焉”“礼者，贵贱有等，长幼有差，贫富轻重皆有称者也”等。乐与礼一样，本质上是为人、行事、治国之道，所谓“乐者，天下之大齐也，中和之纪也，人情之所必不免也”。乐的内容主要是为各种场合的礼仪配以相应的乐声，追求中和之乐。乐的功用是导民向善、移风易俗，即“乐者，圣人之所乐也，而可以善民心，其感人深，其移风易俗易”。总之，礼、乐与人心、人情有关，是先王之道、治政之术，是君王为人、行事、治国应该遵循的根本原则。

先王之道，礼乐正其盛者也。

（《荀子·乐论》）

译文

古代圣王之道，最大的事情就是礼制和音乐。

乐也者，和之不可变者也；礼也者，理之不可易者也。

（《荀子·乐论》）

译文

乐，是调和人心的永恒原则；礼，是治理家国天下的根本准则。

乐合同，礼别异。礼乐之统管① 乎人心矣。

（《荀子·乐论》）

注释

①管：通“贯”，贯通。

〈译文〉

音乐使人心趋同致善，礼制区别人的等级贵贱。所以礼乐的根本作用在于其可以总括人的思想。

穷本极变，乐之情也；著诚去伪，礼之经也。

（《荀子·乐论》）

〈译文〉

追根溯源、极究其变，是乐的实情；彰显诚意、去除虚伪，是礼的实质。

乐者，圣人之所乐也，而可以善民心，其感人深，其移风易俗易，故先王导之以礼乐而民和睦。

（《荀子·乐论》）

〈译文〉

音乐，是圣人所喜欢的，可以用来劝民向善，它感人至深，能非常容易地改良风俗，所以古代圣王用礼乐引导民众，使上下和睦。

乐行而志清，礼修而行成，耳目聪明，血气和平，移风易俗，天下皆宁，美善相乐。

（《荀子 · 乐论》）

译文

如果雅乐流行，人们的心志就会纯洁；如果礼仪完备，人们的德行就会养成，从而耳聪目明，血气平和，风俗改变，天下都安宁，美和善相得益彰。

礼有三本：天地者，生之本也；先祖者，类①之本也；君师者，治之本也。

（《荀子 · 正论》）

注释

①类：族类。

译文

礼有三个本源（天地、先祖和君师）：天地，是万物生存的本源；祖先，是各个族群的本源；君主师傅，是政治的本源。

上事天，下事地，尊先祖而隆君师，是礼之三本也。

（《荀子·礼论》）

〈译文〉

敬事上天大地，尊奉祖先神灵，推崇君主师傅，这是礼的三个本源。

绳墨诚陈矣，则不可欺以曲直；衡[1]诚县[2]矣，则不可欺以轻重；规矩诚设矣，则不可欺以方圆；君子审于礼，则不可欺以诈伪。

（《荀子·礼论》）

〈注释〉

①衡：秤。

②县：通“悬”。

〈译文〉

如果真正拉直墨线，就不可能再以曲直来骗人；如果真正挂起秤来，就不可能再以轻重来骗人；如果真正设置好圆规角尺，就不可能再以方圆来骗人；如果君子清楚礼义之道，就不可能再以诈术伪造来骗他。

绳者，直之至；衡者，平之至；规矩者，方圆之至；礼者，人道之极也。

（《荀子·礼论》）

译文

墨线，是锯直木头的最高标准；秤，是称重公平的最高标准；角尺圆规，是画出方圆的最高标准；礼，是衡量人伦道德的最高准则。

礼者，谨于治生死者也。生，人之始也；死，人之终也。终始俱善，人道毕矣。

（《荀子·礼论》）

译文

礼，是用来小心治理生死的规范。生，是人生的开始；死，是人生的终结。终结和开始都治理得当，那么为人之道就完成了。

凡礼，事生，饰欢也；送死，饰哀也；祭祀，饰敬也；师旅，饰威也。

（《荀子·礼论》）

〈译文〉

凡是礼仪，以它侍奉生者，表达喜悦之情；以它葬送死者，表达悲哀之情；以它祭祀亡灵，表达尊敬之心；以它治军，显示威武之势。

丧礼者，无它焉，明死生之义，送以哀敬而终周藏也。

（《荀子·礼论》）

〈译文〉

丧礼并无其他含义，只是为了彰明生死大义，以悲恸恭敬之心为死者送终，周到地埋葬他们。

事生，饰始也；送死，饰终也。终始具，而孝子之事毕，圣人之道备矣。

（《荀子·礼论》）

〈译文〉

以礼侍奉在世的亲人，是修饰人生的开始；以礼葬送去世的亲人，是修饰人生的终结。一个人如果做到这些始终之事，那么就完成了孝子应该做的事情，也就具备了圣人的道德。

大象其生以送其死，使死生终始莫不称宜而好善，是礼义之法式也，儒者是矣。

（《荀子 · 礼论》）

译文

大致模仿去世亲人生前的情形来为他送终，使生前死后、自始至终都做到恰当而尽善尽美，这是礼义的基本规范，是儒者的本分。

礼者，人之所履也，失所履，必颠蹶陷溺。所失微而其为乱大者，礼也。

（《荀子 · 大略》）

译文

礼是人立身处世的依据，失去它必然会跌倒，陷入泥坑水洼之中。失去的虽少，但由此导致的混乱很大，指的就是礼。

人无礼则不生，事无礼则不成，国家无礼则不宁。

（《荀子 · 修身》）

译文

一个人如果没有礼的规范，就无法生存；一件事情如果没有礼的引导，就不能成功；一个国家如果没有礼的指导，就不得安宁。

夫行也者，行礼之谓也。礼也者，贵者敬焉，老者孝焉，长者弟[①]焉，幼者慈焉，贱者惠焉。

（《荀子·大略》）

注释

①弟：同“悌”，敬爱兄长。

译文

德行就是遵行礼。礼就是敬重尊贵的人，孝顺年老的人，敬爱年长的人，慈爱年幼的人，优待卑贱的人。

礼以顺人心为本，故亡[①]于《礼经》[②]而顺人心者，皆礼也。

（《荀子·大略》）

注释

①亡(wú):通“无”。

②《礼经》:指《仪礼》。

译文

礼以顺乎人心为根本,所以《礼经》上没有记载但顺乎人心的规范,都是礼。

礼者,本末相顺,终始相应。

(《荀子·大略》)

译文

礼,它的根本和细节互相通顺,开始与终结互相呼应。

礼者,以财物为用,以贵贱为文,以多少为异。

(《荀子·大略》)

译文

礼通过财物来表现它的用途,通过贵贱来修饰,通过多少来区别。

文貌情用，相为内外表里，礼之中焉。

（《荀子·大略》）

译文

仪容和情感内外相合，互为表里，这是正中的礼。

辨莫大于分[①]，分莫大于礼，礼莫大于圣王。

（《荀子·非相》）

注释

①分：指人因身份不同而产生的贵贱、上下、亲疏等名分。

译文

区别各种事物关键在于确定名分，确定名分关键是要遵循礼法，遵循礼法最重要的就是效法上古三代的圣王。

礼者，贵贱有等，长幼有差，贫富轻重皆有称[①]者也。

（《荀子·富国》）

注释

①称：相称。

译文

礼就是高贵者和卑贱者各有不同的等级，年长者和年幼者各有一定的差别，贫穷者和富裕者、权势低微者和权势显赫者各有相应的规范约束。

夫乐者，乐也①，人情之所必不免也。

（《荀子·乐论》）

注释

①夫乐(yuè)者，乐(lè)也：音乐，就是使人快乐。

译文

音乐，就是使人快乐，它是人类情感必然不能避免之事。

人不能不乐，乐则不能无形，形而不为道，则不能无乱。

（《荀子·乐论》）

译文

人不可能没有快乐，快乐不可能没有表现形式，表现出来而不加以引导，就会引起祸乱。

乐者，天下之大齐也，中和之纪也，人情之所必不免也。

（《荀子·乐论》）

〈译文〉

音乐是使天下统一的手段，是使政治中和的纲领，是人类情感必然不能避免之事。

乐中平则民和而不流，乐肃庄则民齐而不乱。

（《荀子·乐论》）

〈译文〉

如果音乐中正平和，民众就会和睦协调，不流于俗气；如果音乐庄严肃穆，民众就会齐心协力，不发生动乱。

君子以钟鼓导[①]志，以琴瑟乐心，动以干戚，饰以羽毛[②]，从以磬管[③]。故其清明象天，其广大象地，其俯仰周旋有似于四时。

（《荀子·乐论》）

注释

①导:引导。

②羽毛:指野鸡毛和牦牛尾,都是古代舞蹈中的道具。毛,通“旄”,指牦牛尾。

③磬管:石磬、箫管等敲击与吹奏乐器,此处代指各种乐器。

译文

君子用钟鼓之乐来引导志向,用琴瑟之音来愉悦心情,拿着盾、斧,以野鸡毛、牦牛尾装饰,以石磬、箫管等乐器伴奏,然后翩翩起舞。所以乐声清朗明净像晴天,广博宽阔如大地,身体俯仰旋转的舞姿又像四季。

乐者,乐也。君子乐得其道,小人乐得其欲。以道制欲,则乐而不乱;以欲忘道,则惑而不乐。

(《荀子 · 乐论》)

译文

音乐就是使人快乐。君子从中获得领悟礼义之道的乐趣,小人从中获得满足听觉欲望的乐趣。一个人如果用礼义之道控制欲望,就能使内心快乐但不致迷乱;如果只求满足欲望而忘记礼义之道，就会使内心迷惑而苦闷不乐。

舞意天道兼。

（《荀子·乐论》）

译文

人类的乐舞意象包含了天道。

天人篇

概述

本篇摘录荀子关于天人关系的主张，阐述人类如何利用自然万物，治理人类社会，并论及如何提升人类认知、理解事物的能力。一方面，荀子认为上天有其独自的运行规律，不受人类的影响而改变，所谓“天行有常，不为尧存，不为桀亡”，天人之间存在很大差别，人类需要“明于天人之分”。另一方面，荀子强调天人之间也存在密切的联系，如“人之命在天”，人能“知天”，所以人类应该在尊重、遵循自然规律的前提下，弘扬人的主观能动性，所谓“制天命而用之”“修道而不贰，则天不能祸”。但荀子所论的“人”是特指德才兼备的君子、圣贤，他们以礼义之道知命用天、治理自然与人类社会，所以有“天地者，生之始也；礼义者，治之始也；君子者，礼义之始也”“天地生君子，君子理天地”的说法。另外，荀子主张人类考察自然万物要恪守礼义，“兼陈万物而中县衡焉”，消除“心术之患”“蔽塞之祸”，把握事物运作的规律，做到“精于物者以物物，精于道者兼物物”“知其所为，知其所不为”。这些观点对于当今人类如何开发自然、治理社会仍然有非常重要的启示意义。

天行有常[1]，不为尧存，不为桀亡。应之以治则吉，应之以乱则凶。

（《荀子·天论》）

注释

①天行有常：上天运行遵循一定的规律。

译文

上天运行遵循一定的规律，它不会因为尧是圣君就存在，也不会因为桀是昏君就灭亡。以治世顺应它就吉利，以乱世顺应它就凶险。

强本而节用，则天不能贫；养备而动时，则天不能病；修道而不贰[1]，则天不能祸。

（《荀子·天论》）

注释

①贰：背离。或曰当作“忒”，差错。

译文

如果国君加强农业建设，并节约国家用度，那么天也不能使他贫穷;如果国君保证供养齐备,适时行动,那么天也不能使他病困;如果国君修习礼义之道,不出差错,那么天也不能降祸于他。

明于天人之分[①],则可谓至人矣。

(《荀子·天论》)

注释

①天人之分:自然界与人类社会的区分。

译文

一个人如果明白自然界与人类社会的区分,就可称作最明智的人了。

天有其时,地有其财[①],人有其治,夫是之谓能参[②]。

(《荀子·天论》)

注释

①财:通“材”,物产。

②参:相参,指天、地、人并列为三。

〈译文〉

上天有它的时令，大地有它的物产，人类有自己的治法，这叫作"能够相参"。

知其所为，知其所不为矣，则天地官[1]而万物役矣。

(《荀子·天论》)

〈注释〉

①官：通"管"，管理。

〈译文〉

明白有所为、有所不为的道理，那么天地就会得到治理，万物可供役使。

其行曲治[1]，其养曲适[2]，其生不伤，夫是之谓知天。

(《荀子·天论》)

〈注释〉

①曲治：周到地治理。

②曲适：周到地适应。

译文

一个人能够周到地治理他的行为，适应修养环境，不伤害自己的生命，这可称作“知天”。

天不为人之恶寒也辍[1]冬，地不为人之恶辽远也辍广，君子不为小人之匈匈[2]也辍行。

(《荀子·天论》)

注释

①辍：废止。

②匈匈：喧哗吵闹的样子。

译文

上天不因人厌恶寒冷就废止冬季，大地不因人厌恶辽远就废止宽广，君子不因小人的吵闹就中止善行。

天有常道矣，地有常数矣，君子有常体矣。君子道其常，而小人计其功。

(《荀子·天论》)

译文

上天有恒定的规律，大地有恒定的规则，君子有恒定的规范。君子谈论道义，小人计较功利。

在天者莫明于日月，在地者莫明于水火，在物者莫明于珠玉，在人者莫明于礼义。

（《荀子·天论》）

译文

天上最明亮的是太阳、月亮，地上最明亮的是水、火，万物中最明亮的是珍珠、宝玉，人道中最明亮的是礼义。

大天而思之，孰与物畜而制之[①]？从天而颂之，孰与制天命而用之？

（《荀子·天论》）

注释

①大天而思之，孰与物畜而制之：推崇而思慕天，何如蓄养而控制天？

译文

推崇而思慕天，何如蓄养而控制天？顺从而颂扬天，何如控制而利用天？

错[1]人而思天，则失万物之情[2]。

（《荀子·天论》）

注释

①错：通“措”，放弃。

②情：实情。

译文

舍弃人的努力而思慕上天恩赐，就会失去万物的实情，最终难遂人愿。

天地者，生之始也；礼义者，治之始也；君子者，礼义之始也。

（《荀子·王制》）

译文

天地是生命的来源，礼义是治国的根源，君子是礼义的本源。

天地生君子，君子理天地。君子者，天地之参[①]也，万物之总也，民之父母也。

（《荀子·王制》）

注释

①参：相并列。

译文

天地生养君子，君子治理天地。君子与天地并列，总体管理各种事物，是民众的父母。

人之命在天，国之命在礼。

（《荀子·天论》）

译文

人的生命在于正确地对待自然，国家的生命在于正确地遵循礼义。

君臣、父子、兄弟、夫妇，始则终，终则始，与天地同理，与万世同久，夫是之谓大本。

（《荀子·王制》）

〈译文〉

君臣、父子、兄弟、夫妻之间，自始至终，自终至始，和天地存在上下之别是一个道理，和千秋万代一样久远，这被称作最大的根本。

君子敬[1]其在己者，而不慕其在天者，是以日进也；小人错[2]其在己者，而慕其在天者，是以日退也。

（《荀子·天论》）

〈注释〉

①敬：慎重。

②错：通“措”，放弃。

〈译文〉

君子慎重对待自己可以确定的事情，而不思慕取决于上天的事情，因此天天进步；小人抛弃自己可定之事，而思慕取决于上天之事，因此天天退步。

万物为道一偏[1]，一物为万物一偏。

愚者为一物一偏，而自以为知道，无知也。

（《荀子·天论》）

〈注释〉

①偏：方面、部分。

〈译文〉

万物只体现出总体规律的某个方面，一种事物只是万物的某个方面。愚昧的人只认识到某种事物的某个方面，就以为明白了规律，这是无知的表现。

凡人之患①：蔽于一曲，而暗于大理。治则复经，两疑则惑矣。

（《荀子·解蔽》）

〈注释〉

①凡人之患：人在认知上的通病。凡，句首发语词。

〈译文〉

人的通病是：被小处蒙蔽而不明白真理。如果能治好此病，思想就能回归无偏无蔽的正道；如果对小处和真理怀疑不定，就会导致困惑产生。

故[①]为蔽：欲为蔽，恶[②]为蔽，始为蔽，终为蔽，远为蔽，近为蔽，博为蔽，浅为蔽，古为蔽，今为蔽。凡万物异则莫不相为蔽，此心术之公患也。

（《荀子·解蔽》）

注释

①故：犹“胡”，哪些。

②恶（wù）：憎恨。

译文

所以可能蒙蔽真理而导致偏见的因素有：私欲、憎恨、开始、结束、远处、近处、博学、浅知、好古、厚今。大凡事物有不同的方面，无不交互影响，形成蒙蔽，这是认知方法上的通病。

由用谓之道，尽利矣；由俗[①]谓之道，尽嗛[②]矣；由法谓之道，尽数矣；由势谓之道，尽便矣；由辞谓之道，尽论矣；由天谓之道，尽因矣。此数具者，皆道之一隅也。

（《荀子·解蔽》）

注释

①俗:通"欲"。

②嗛(qiè):通"慊",满足。

译文

从实用的角度论道,就是使利益最大化;从欲望的角度论道,就是完全满足;从法治的角度论道,就全是法律条文;从形势的角度谈道,就全是因势利导以求其便利;从言辞的角度论道,就全是说理辩论;从天的角度论道,就全是因袭遵循之事。这几种论说,都涉及道的一个方面。

圣人知心术之患,见蔽塞之祸,故无欲,无恶;无始,无终;无近,无远;无博,无浅;无古,无今,兼陈万物而中县衡①焉。

(《荀子·解蔽》)

注释

① 县衡:挂起来称重的秤,此处代指用一定标准权衡。县,通"悬",挂。衡,秤。

译文

圣人知道认知方法上的弊病,看到心灵被蒙蔽堵塞的害处，所以会尽量做到没有私欲，没有憎恶；没有亲近，没有疏远；没有广博，没有浅陋；没有厚古，没有薄今，在胸中容纳陈列各种事物，并依据礼义来指导自己的认知。

精于物者以物物，精于道者兼物物。

（《荀子·解蔽》）

译文

如果一个人精通某种具体事物，他就能支配它；如果精通道，就能支配万物。

能不能兼技，人不能兼官。

（《荀子·富国》）

译文

一个人的能力不可能同时精通所有技艺，同时从事所有职业。

君子壹于道而以赞稽物。壹于道则正，以赞稽物则察，以正志行察论则万物官矣。

（《荀子·解蔽》）

译文

君子专心学道，并用它来考察事物。如果他专心于道，就能行事中正；如果他借助道来考察万物，就能明察秋毫；如果他用中正的心态处理明确的言论，就可以统辖万物了。

凡观物有疑，中心不定，则外物不清。

（《荀子 · 解蔽》）

译文

凡是观察事物有疑惑，内心就会虚幻不定，那么外界事物就显得模糊不清。

彼愚者之定物，以疑决疑，决必不当。

（《荀子 · 解蔽》）

译文

那些愚人判定事物，是用疑惑的标准去判断有疑问的事物，决定必然不会妥当。

其所以贯理焉，虽亿万已①，不足以

浃[②]万物之变，与愚者若一。

（《荀子·解蔽》）

注释

①已：终结。

②浃(jiā)：周遍。

译文

一个人虽然知道很多很多贯穿事物的常理，但不能通晓万物的变化，那也和傻瓜一样。

议兵篇

概述

本篇摘录荀子关于如何以仁义之道用兵的主张，强调国君、将领要注意战前在道义、民心和谋划等方面的准备工作，体现出求义、重民、贵谋的战略思想。荀子的兵学思想主要包括以下三方面：第一，用兵者要有仁心，只有仁义之师才可百战百胜，达到出神入化的境界，所谓“仁者之兵，所存者神，所过者化”。第二，用兵者要以民为本，在战前要先凝聚民心，即“凡用兵攻战之本，在乎壹民”“兵要在乎善附民”，只有把本国的力量团结起来，保证兵源充足和士气高昂，方可“以治伐乱，不待战而后知克”。第三，用兵者对于战事要心存敬意、多加谋划，不要玩忽懈怠，也不要意气用事，应做到“敬胜怠”“计胜欲”，用理智、清醒的态度处理战事。荀子重视道义、讲究谋略的用兵之术，既有孔子、孟子所讲王者仁义之师的遗风，又有孙子“上兵伐谋”、崇尚谋略的印迹，是充分吸纳前人兵学思想精华而形成的一家之说，体现出战国末期思想融汇、合流的历史趋势。

以治伐乱，不待战而后知克。

（《荀子 · 大略》）

〈译文〉

以治理良好的国家去攻打治理混乱的国家，不用等到开战就知道胜负了。

凡用兵攻战之本，在乎壹民。

（《荀子 · 议兵》）

〈译文〉

凡是用兵打仗，最根本的事情就是统一民心，合力对外。

兵要在乎善附民而已。

（《荀子 · 议兵》）

〈译文〉

用兵的关键就是善于招徕民众，使之诚心归顺。

敬胜怠，则吉；怠胜敬，则灭。计胜欲，则从；欲胜计，则凶。

（《荀子·议兵》）

〈译文〉

慎重多于怠慢，事情就会向有利的方向发展；否则就会失利。冷静的筹划多一些，冲动的私欲少一些，战事就会顺利；否则凶多吉少。

仁人之兵，不可诈也。

（《荀子·议兵》）

〈译文〉

仁义之师是不会被轻易欺诈的。

虑必先事而申之以敬，慎终如始，终始如一。夫是之谓大吉。

（《荀子·议兵》）

〈译文〉

军队的将领一定要在战事之前深思熟虑，并且虔诚地反复申明军令，始终谨慎地对待。这就是战场上最大的吉利。

仁人之兵，所存者神，所过者化，若时雨之降，莫不说[①]喜。

(《荀子·议兵》)

注释

①说：通“悦”。

译文

在仁义之师驻扎或经过的地方，百姓敬之如神明，并受到仁义的感化，就像遇到及时雨一样，人人欢喜。